Kassel Verein für Naturkunde

Bericht des Vereins für Naturkunde zu Kassel

Kassel Verein für Naturkunde

Bericht des Vereins für Naturkunde zu Kassel

ISBN/EAN: 9783743463738

Hergestellt in Europa, USA, Kanada, Australien, Japan

Cover: Foto ©berggeist007 / pixelio.de

Manufactured and distributed by brebook publishing software (www.brebook.com)

Kassel Verein für Naturkunde

Bericht des Vereins für Naturkunde zu Kassel

I.

Bericht

über Stand und Gang des Vereinslebens

vom 18. April 1878 bis dahin 1880,

im 43. und 44. Jahre seit Gründung des Vereins.

A. Die äusseren Verhältnisse des Vereins.

Zwei Angelegenheiten waren es in dem Zeitraum vom April 1878—1880, welche die Thätigkeit des Vereines nach Aussen hin in Anspruch nahmen, die Abtretung seiner Sammlungen an das Königliche Museum in Cassel und die in Cassel tagende 51. Versammlung deutscher Naturforscher und Aerzte.

Wider Erwarten und Hoffen konnte die bereits vor 6 Jahren angeregte Abtretung der Sammlungen des Vereins so rasch, wie es namentlich Ende 1878 schien, nicht verwirklicht werden, da die Frage wegen der Räumlichkeiten, in denen die naturhistorischen Sammlungen des Königlichen Museums eine würdige Unterkunft finden sollten, obgleich der Lösung nahe, unvorhergesehene Schwierigkeiten bereitete. Das ursprüngliche Projekt musste aufgegeben, die Sache vertagt werden. Seitens des Vereins war Alles vorbereitet. Eine am 4. Oktober 1878 tagende Generalversammlung hatte auf Anregung der betreffenden Staatsbehörden die Bedingungen, unter denen sich der Verein bereit erklärt hatte, seine Sammlungen dem Königlichen Museum zu überweisen, einer nochmaligen Revision unterzogen und, indem sie von einigen ganz unwesentlichen Forderungen abstand, sich auf Bedingungen geeinigt, welche in einer vorläufigen Berathung des Vorstandes mit den Vertretern der Staatsbehörden von diesen für annehmbar erklärt waren. Danach forderte der Verein als Gegenleistung des Staates die Ueberlassung eines geeigneten Lokals zur Abhaltung seiner Sitzungen und zur Aufstellung seiner Bibliothek, sodann dass die aus seinen Sammlungen stammenden Gegenstände durch dies besagende Etiketten kenntlich gemacht würden und endlich dass die Benutzung derselben durch seine Mitglieder ungehindert erfolgen könne. Die

Erfüllung der letzten Forderung hatte um so weniger Schwierigkeit, als die Instructionen der Museumsbeamten bereits dies ermöglichende Bestimmungen enthalten. Die Genehmigung der Annahme der Sammlungen seitens Sr. Majestät des Königs, welche der nicht unbedeutende Werth derselben nothwendig machte, erfolgte unterdessen und es fehlte somit nur noch an der Ueberweisung eines passenden Lokals. Als solches ist nun das vom Landgrafen Carl gebaute frühere Kunsthaus (jetzt Katasteramt) in's Auge gefasst, eine Idee, mit der der Verein auf das Lebhafteste sympathisiren muss. In demselben sollen nach Uebersiedelung der jetzigen Benutzer in den Justiz- und Regierungspalast die naturhistorischen Sammlungen des Museums aufgestellt werden: sie kommen somit an den Ort zurück, von dem sie ausgegangen sind. Besonders aber ist dadurch in erfreulichster Weise das Gebäude, das mit der Entwickelung der Naturwissenschaften in unserer Stadt so eng verknüpft ist, wo Papin die Versuche mit seiner ersten grösseren Dampfmaschine machte, wo Landgraf Friedrich II. ein anatomisches Theater, allerdings durch Wegnahme der früher auf dem Dache des Gebäudes befindlichen kleinen Sternwarte, bauen liess, seinem ursprünglichen Zwecke zurückgegeben. Mit geringen Kosten anzustellende bauliche Aenderungen würden es möglichenfalls leicht wieder in einem dem früheren ähnlichen Zustande herstellen lassen und es wird dem Verein nur zu hoher Freude gereichen, in ein durch solche Erinnerungen geweihtes Haus seine Sammlungen einziehen zu sehen, in einem der Räume, die an Papin, Zumbach, Tiedemann, Sömmering, Forster etc. erinnern, künftig seine Sitzungen halten zu können. Die von der Vollendung des oben genannten Gebäudes abhängige Verzögerung seiner Uebersiedelung wird dagegen von keinem Gewicht sein, da gegründete Hoffnung vorhanden ist, dass die Gastfreundschaft der städtischen Behörden den Verein so lange in seinen alten Räumen beherbergen wird.

Die Abhaltung der 51. Versammlung deutscher Naturforscher und Aerzte hat insofern auf den Verein Einfluss gehabt, als es erwünscht schien, derselben eine Festschrift darzubringen. Glücklicherweise lag eine solche in der Beilage zu dem 24. und 25. Berichte unseres Vereins bereits fertig vor, in der Abhandlung des Herrn Dr. Kessler: „Die Lebensgeschichte der auf Ulmus campestris vorkommenden Aphidenarten und die Entstehung der durch dieselben bewirkten Missbildungen auf den Blättern." Dieser Festgabe waren wir in der Lage eine zweite hinzuzufügen. Wir wussten, dass der nunmehr verstorbene Gymnasialdirector Riess seit Jahren die in hiesiger Gegend vorkommenden Pilze gesammelt hatte und ein ziemlich vollständiges Verzeichniss derselben besass. Wir richteten demnach die Bitte an ihn, uns dieses zum Drucke zu überlassen. Herr Director Riess kam in dankenswerthester Bereitwilligkeit unserer Bitte entgegen, und das Verzeichniss war fast zum Drucke fertig, als ihn ein plötzlicher Tod dahinraffte. Doch konnte Herr Dr. Eisenach in Rotenburg a. F. es übernehmen, das begonnene Werk zu beenden und nach mehrfachen Verhandlungen gelang es, unter Mitwirkung des Herrn Professors Wigand in Marburg das Verzeichniss noch rechtzeitig zum Drucke zu bringen. Beide Schriften wurden mit den andern Festschriften im Comptoir des Herr Verlagsbuchhändler Fischer ausgetheilt und gern entgegengenommen. Den Vereinsmitgliedern ist das Riess'sche Verzeichniss zugeschickt, den seither eingetretenen kann es auf Wunsch noch zugestellt werden. Auch zum Besuch unserer Sammlungen hatten wir die Theilnehmer der Naturforscherversammlung mit Erfolg aufgefordert.

Am 5. November 1878 feierte Herr Carl Ehrlich, k. k. Rath in Linz, correspondirendes Mitglied des Vereins, seinen 70. Geburtstag, am 3. Juli 1879 die naturforschende Gesellschaft in Halle a. S. das Fest ihres hundertjährigen, am 30. December 1879 der nassauische Verein für Naturkunde in Wiesbaden dasjenige seines fünfzigjährigen Bestehens. Der Vorstand versäumte nicht, seine Glückwünsche zu diesen schönen Festen schriftlich darzubringen.

B. Die inneren Verhältnisse des Vereins.

Die Generalversammlungen zur Feier des Stiftungstages des Vereins wurden am 19. April 1879 und 17. April 1880 abgehalten, von denselben der jedesmalige Jahresbericht seitens des zeitigen Directors entgegengenommen und dann zur Neuwahl des Vorstandes geschritten. In der Versammlung vom 17. April 1880 war auch die Neuwahl der Conservatoren, die statutengemäss auf 3 Jahre gewählt werden, nothwendig. Am 2. Montag jeden Monats wurden die regelmässigen Sitzungen abgehalten, nur die Julisitzung fiel der Schulferien wegen aus. Das Sitzungslokal war, wie gewöhnlich, im Sommer der Naturaliensaal des Vereins, im Winter das Conferenzzimmer der Realschule II. Ordnung, einzelne Sitzungen fanden in dem physikalischen Lehrzimmer der kgl. höheren Gewerbeschule und dem Zeichensaal der Realschule I. Ordnung statt.

In den beiden Jahren fungirten als Vorstand:
    Director: Dr. Gerland.
    Geschäftsführer: Dr. Ackermann.
    Bibliothekar: Dr. Kessler.
    Rechnungsführer: Münzverwalter Sievers.

Conservatoren waren die am 21. April 1877 gewählten, nämlich:
Conservator der Säugethiere: } Dr. Kessler.
    „   „ Vögel:
    „   „ Amphibien und Fische: Dr. Scheffer, später Controleur Barth.
    „   „ Gliederthiere: Oberstaatsanwalt Bartels.
    „   „ anatomischen Präparate: Dr. Schwarzenberg.
    „   „ Pflanzen: Dr. Ackermann.
    „   „ Mineralien: Dr. Hornstein.
    „   „ Gesteine, Petrefakten und Conchylien: Dr. Möhl.

C. Personalbestand des Vereins.

Abgang von Mitgliedern.

Auch in den verflossenen beiden Jahren hat der Tod manche Lücke in die Reihen der Vereinsmitglieder gerissen. In den Versammlungen, wie in der Generalversammlung am Schlusse des Vereinsjahres wurde ihrer seitens des Vorsitzenden in ehrender Weise gedacht. Wir führen nach dem Datum des Sterbetages hier auf:

1. Dr. med. Reinhard Scheffer, gest. im Juli 1878 (Vereinsmitglied seit 9. Jan. 1871), eins der thätigsten Vereinsmitglieder, der in gleicher Weise durch seinen wissenschaftlichen Ernst und seine Tüchtigkeit, seine stete Bereitwilligkeit dieselbe zu Nutzen des Vereins zu verwerthen, sowie seinen unverwüstlichen Humor in dankbarer Erinnerung fortleben wird. Im blühendsten Mannesalter rief ihn eine schmerzhafte Krankheit aus dem Kreise seiner Familie, seiner Freunde und seiner zahlreichen Patienten hinweg.

2. Rechnungsrath A. Coester, gest. am 4. November 1878 (Vereinsmitglied seit 4. Jan. 1865) in Folge eines Schlaganfalles, der ihn Abends, als er von seinem Bureau nach Hause gieng, auf der Strasse traf. Er verwaltete das Amt eines Betriebssekretärs der Main-Weserbahn. Früher hat er sich grosse Verdienste um die Vermessung des ehemaligen Kurfürstenthums Hessen erworben. Die Astronomie und höhere Geodäsie, in die er sich ohne Anleitung durch eigenen Fleiss hineingearbeitet hatte, waren und blieben sein Lieblingsfach; mit Arbeiten, die in diese Fächer gehören, füllte er seine nicht eben allzu reichlichen Mussestunden aus. Auch ihm verdankt der Verein manche Unterweisung. Zur Naturforscherversammlung beschrieb er im Auftrage des Cultusministers die astronomischen und geodätischen Apparate der Instrumentensammlung des hiesigen Museums. Nach einer von ihm erfundenen Methode stellte er mehrere Sonnenfinsternisse in Pappapparaten dar; eine von ihm nach neuen Principien entworfene Sternkarte wird in nächster Zeit mit Beschreibung von Prof. Klinkerfues in Göttingen erscheinen.

3. Geheimer Sanitätsrath Dr. med. B. Stilling, gest. nach langem Kranksein am 28. Januar 1879 (Vereinsmitglied seit 11. Febr. 1878). Bei der kurzen Zeit, in der er dem Vereine angehörte, hat dieser nur wenig von ihm haben können, da ihn zuerst die Geschäfte der 51. Naturforscherversammlung, deren erster Geschäftsführer er war, neben denen seiner ausgedehnten Praxis, später anhaltende Krankheit abhielt, dem Vereine näher zu treten. Seine Verdienste um die Wissenschaft, namentlich um die Chirurgie und Anatomie sind allbekannt und gelegentlich der 52. Naturforscherversammlung mit grösserer Beredsamkeit und Sachkenntniss auseinandergesetzt worden, als dies hier möglich wäre.

4. Buchhalter C. Wagner, gest. am 28. April 1879. Er war der letzte der in hiesiger Stadt lebenden Stifter des Vereins. Von denselben sind nunmehr noch am Leben: Geheimer Rath

von Bunsen in Heidelberg und Professor Philippi in St. Jago. Sehr zurückgezogen lebend, war er den jetzigen Mitgliedern des Vereins fremd geworden, sein lebendiges wissenschaftliches Interesse wandte er mehr dem Verein für hessische Geschichte und Landeskunde zu. Bei seinem Austritt aus dem Vereine war er zum Ehrenmitglied ernannt worden.

5. Oberpräsident a. D. von Bodelschwingh, Excellenz, gest. am 27. Oktober 1879 in Bonn (Ehrenmitglied des Vereins seit dem 10. März 1873).

6. Oberbergdirector Rud. Fulda, gest. am 15. Febr. 1880 in Folge eines Schlaganfalls, Mitglied des Vereins seit 11. November 1836, in welchem Jahre er, damals in Schmalkalden lebend, auswärtiges Mitglied wurde. Seitdem hat er für den Verein, obwohl er an den Sitzungen sich wenig betheiligte, warmes Interesse gehabt.

7. Professor Dr. H. Buff, gest. in Giessen am 24. December 1878 (correspondirendes Mitglied des Vereins seit 6. Juli 1864). Von 1832—40 Lehrer der Physik an der hiesigen höheren Gewerbeschule, nahm er in dem letzten Jahre eine Professur in Giessen an. Durch seine vielen physikalischen Untersuchungen, Lehrbücher etc. hat er sich berühmt gemacht.

8. Freiherr E. von Bibra, gest. am 5. Juni 1878 in Nürnberg (correspondirendes Mitglied seit 7. Mai 1862), bekannter Reisender.

9. Professor Dr. M. A. F. Prestel in Emden (correspondirendes Mitglied seit 6. Mai 1863), bekannt durch seine vielen meteorologischen Arbeiten.

10. Professor und Lehrer am Gymnasium Dr. C. L. Kirschbaum in Wiesbaden (correspondirendes Mitglied seit 6. Mai 1863), Inspector des naturhistorischen Museums daselbst und bekannt als Zoologe.

In die Zahl der **correspondirenden Mitglieder** traten in Folge Verzugs von Cassel über:
1) Herr Dr. phil. Guckelberger in Giessenhagen bei Grossalmerode.
2) „ Graf von Berlepsch auf Schloss Berlepsch bei Witzenhausen.
3) „ Oberforstmeister von Buttlar zu Fritzlar.
4) „ Oberlehrer Dr. Uth in Wiesbaden.
5) „ Realschullehrer Simon in Elberfeld.
6) „ Privatdocent Dr. med. J. Stilling in Strassburg.

Durch **Austritt** verlor der Verein:
1) Herrn Fabrikanten Theod. Wagner (ausgetreten am 1. Juli 1879).
2) „ Regierungskanzlei-Diätar Petersen (ausgetreten am 14. Januar 1880).

Ueber den **Zugang** von Mitgliedern giebt das Verzeichniss der Mitglieder Auskunft.

II.
Nachweis
über
den Stand der Vereinskasse.

Einnahme in 1878	452	ℳ.	— ₰
Kassenbestand von früher . .	496	„	15 „
Summa	948	„	15 „
Ausgabe bis Ende 1878	689	„	17 „
Rest	258	„	98 „
Einnahme in 1879	567	„	70 „
Summa	826	„	68 „
Ausgabe bis Ende 1879	369	„	36 „
Bleibt Kassenbestand	457	„	32 „

III.
Verzeichniss der Mitglieder
am Anfang April 1880.

1) Ehrenmitglieder:

1. Frau Pfeiffer, Wilhelmine, geb. Jäckel in Cassel.
2. Herr v. Bunsen, Dr., Professor und Geh. Rath in Heidelberg.
3. „ v. Dechen, Wirkl. Geh. Rath, Excellenz in Bonn.
4. „ v. Ende, Freiherr, Oberpräsident in Cassel.
5. „ Geinitz, Dr., Professor und Hofrath in Dresden.
6. „ Philippi, Dr., Professor und Director in St. Jago in Chili.
7. „ vom Rath, Dr. und Professor in Bonn.
8. „ Schwedes, Theodor, Geh. Rath a. D. in Cassel.
9. „ Weise, Emil, Oberbürgermeister in Cassel.
10. „ Wöhler, Dr., Professor und Geh. Rath in Göttingen.
11. „ Zirkel, Dr., Professor in Leipzig.

2) Correspondirende Mitglieder:

1. Herr Aichhorn, Dr., Professor. Vorstand des Landesmuseums in Graz.
2. „ Bauer, Dr., Physikus in Fulda.
3. „ v. Berlepsch, Graf, auf Schloss Berlepsch bei Witzenhausen.
4. „ Brandt, Domänenpächter in Möllenbeck.
5. „ Buchenau, Dr., Professor und Realschuldirector in Bremen.
6. „ Burkhard, Professor in Bückeburg.
7. „ v. d. Busch, Consul in Bremen.
8. „ v. Buttlar, Oberforstmeister in Fritzlar.
9. „ Caspary. Dr., Professor in Königsberg.
10. „ Claus, Dr., Professor u. Director des zool. Instituts in Wien.
11. „ Danz, Berginspector in Herges.
12. „ Dunker, Dr., Professor und Geh. Rath in Marburg.
13. „ Dunker, Geh. Rath in Halle.
14. „ Ehrlich, Franz Carl, k. Rath und Custos in Linz.
15. „ Eisenach, Dr., Kreisphysikus in Rotenburg a. d. Fulda.
16. „ Fick, Dr., Professor der Physiologie in Würzburg.
17. „ Focke, Dr. med. in Bremen.
18. „ Grebe, Director der Forstakademie in Eisenach.
19. „ Graeger, Apotheker in Mühlhausen.
20. „ Guckelberger, Dr., Rentier in Giessenhagen bei Grossalmerode.
21. „ Gundlach, Dr. auf Cuba.
22. „ v. Hauer, Ritter, Dr., k. k. Hofrath und Director der geol. Reichsanstalt in Wien.
23. „ Kaup, Dr., Professor in Darmstadt.
24. „ Kopp, Dr., Professor in Heidelberg.
25. „ Kupfer, Dr. med. in Wiesbaden.
26. „ Landauer, in Heiligenstadt bei Wien.
27. „ Mühry, Dr., Privatgelehrter in Göttingen.
28. „ Ochsenius, C., Consul in Marburg.
29. „ Pagenstecher, jun., Dr., Professor in Heidelberg.
30. „ v. Pavia, Dr., Professor in Porto in Spanien.
31. „ Peck, Dr., Custos des Museums in Görlitz.
32. „ Pfannkuch, Berginspector auf Habichtswald.
33. „ Pfeffer, Apotheker in Marburg.
34. „ Rathke, Dr., Professor in Halle.
35. „ Sandberger, F., Dr., Professor in Würzburg.
36. „ Scacchi. Dr., Professor in Neapel.
37. „ Schuch, Dr. in Regensburg.
38. „ Schüssler, Seminarlehrer in Dillenburg.
39. „ Schwenken. Bergamtsassessor in Marburg.
40. „ Sezekorn, Baurath in Marburg.
41. „ Simon, Reallehrer in Elberfeld.
42. „ Speyer, Dr., Oscar, Landesgeologe in Berlin.
43. „ Stilling. Dr., Privatdocent in Strassburg.
44. „ Stricker, Dr. med. in Frankfurt a. M.
45. „ Struck, Dr., Gymnasiallehrer und Custos des Museums in Waren.
46. „ Sturm, J. W., Dr. in Nürnberg.
47. „ Temple, Rudolph, Inspector in Budapest.
48. „ Uth, Dr., Oberlehrer am Realgymnasium in Wiesbaden.
49. „ Wagner, Dr., Oberlehrer in Fulda.
50. „ Waltl, Professor in Passau.
51. „ Weber, C. O., Dr., Professor in Bonn.
52. „ Wigand, Dr., Professor und Director des botan. Gartens in Marburg.
53. „ v. Zepharovich, Ritter, Dr., Professor u. Bergrath in Prag.

3) Wirkliche Mitglieder.

(Dieselben wohnen fast sämmtlich in Cassel; die mit * bezeichneten sind in den beiden letzten Jahren zu dem beigefügten Datum dem Vereine zugetreten.)

1. Herr Ackermann, Carl, Dr., Oberlehrer an der Realschule II. Ord.
2. „ *Alfermann, Franz. Dr., Stabsarzt (früher schon Mitglied, wieder eingetreten am 10. November 1879).
3. „ *Alsberg, A., Bankier, 9. Februar 1880.
4. „ Althaus, C. W., Regierungsrath.
5. „ *Aschrott, Siegmund, Fabrikant, 9. Februar 1880.
6. „ Bartels, Carl, Oberstaatsanwalt.
7. „ Barth, August Jak., Controleur.
8. „ *Bodenheim, M. B., Fabrikant, 9. Februar 1880.
9. „ Buderus, Carl. Dr., Professor, Director der Realschule II. Ord.
10. „ Buhse, Bergingenieur.
11. „ Bulle, J. Martin, Privatmann.
12. „ *Canstatt, Oscar, Redacteur, 8. December 1879.
13. „ *Coester, Fr. Wilh., Regierungs-Assessor, 8. December 1879.
14. „ *Coordes, Gerhard, Lehrer an der höh. Töchterschule, 17. Juni 1878.
15. „ Cornelius, A., Privatmann.
16. „ Credé, Georg, Hofmaurermeister.
17. „ *v. Danckelman, Ludwig, Freiherr, Hauptmann a. D., 9. Febr. 1880.
18. „ Des Coudres, Julius, Bergrath.
19. „ *Diehls, Friedrich, Kaufmann, 9. December 1878.
20. „ Diemar, Friedrich Heinrich, Seifenfabrikant.
21. „ *Döll, Philipp, Buchdruckereibesitzer, 17. April 1880.
22. „ *Elten, C., Landesökonomierath und Reg.-Rath, 9. Februar 1880.
23. „ Eysell, Adolph, Dr., prakt. Arzt.
24. „ *Fennel, Otto, Mechanikus, 9. Februar 1880.
25. „ *Ferres, Franz Alexander, Kaufmann, 9. Februar 1880.
26. „ Fisher, Carl, Verlagsbuchhändler.
27. „ Fisher, Theodor, Verlagsbuchhändler.
28. „ *Franz, Gymnasiallehrer, 17. April 1880.
29. „ Freyschmidt, Carl August, Hof-Buchhändler.
30. „ Gerland, Ernst, Dr., Lehrer an der höheren Gewerbeschule.
31. „ *Goldschmidt, Hermann, Grosshändler, 9. Februar 1880.
32. „ *v. Griesheim, Arthur, Baron, Fabrikbesitzer, 9. Februar 1880.
33. „ *Hansmann, Philipp, Hüttendirector z. D., 9. Febr. 1880.
34. „ Harnier, Wilhelm, Dr., praktischer Arzt.
35. „ *Hebel, Lehramts-Kandidat, 9. Februar 1880.
36. „ *Hecht, Jakob, Kaufmann, 9. Februar 1880.
37. „ Hess, Victor, Mechanikus.
38. „ Heuckeroth, Fr., Dr., Zahnarzt.
39. „ Heydenreich, Julius, Kaufmann.
40. „ Hinkelbein, Philipp, Dr., praktischer Arzt.
41. „ *Hoerdemann, Jakob, Kunstgärtner, 9. Februar 1880.
42. „ Hofmann, Ad., Regierungssecretär.
43. „ Holland, Heinrich, Obersteiger.
44. „ Hornstein, Friedrich, Dr., Oberlehrer an der Realschule I. Ord.
45. „ Hornthal, Jakob, Kaufmann.
46. „ Ide, Heinrich, Dr., Lehrer an der Realschule II. Ord.
47. „ *Kathariner, Civilsupernumerar, 9. Juni 1879.
48. „ Kessler, H. F., Dr., Lehrer an der Realschule II. Ord.
49. „ *König, Fr. Max Otto, Intendantur-Secretär, 9. Februar 1880.
50. „ *Krauss, Theodor, Dr., Assistent beim landwirthschaftlichen Centralverein, 9. Februar 1880.
51. „ Kümmel, Karl Heinrich, Kaufmann.
52. „ *Landgrebe, H. Wilhelm, Regierungs- und Baurath a. D., 9. Februar 1880.

Verzeichniss der Mitglieder. 9

53. Herr *Lange, Max, Dr., praktischer Arzt, 9. Februar 1880.
54. „ Lenz, August, Museumsinspector.
55. „ *Lorentz, H. F., Materialwaarenhändler, 8. December 1879.
56. „ Maltz, Franz, Federschmücker.
57. „ Meimberg, Königl. Schlossgärtner zu Schönfeld.
58. „ Möhl, Heinrich. Dr., Lehrer an der höheren Gewerbeschule.
59. „ Paack, Carl Gotthard, Fabrikant.
60. „ *Pflüger, Ferdinand, Zahnarzt, 9. Februar 1880.
61. „ *Plümer, Ernst, Ingenieur und Lehrer an der höheren Gewerbeschule, 17. Juni 1878.
62. „ *Rebentisch, Carl August, Architekt, 9. Februar 1880.
63. „ *Rinald, Victor, Privatmann, 9. Februar 1880.
64. „ *Rittershaussen, August Julius, Kaufmann, 9. Februar 1880.
65. „ *Roehling, Dr, Regimentsthierarzt, 9. Februar 1880.
66. „ Rosenzweig, Kaufmann und Droguist.
67. „ Rost, Fr. Adalbert, Dr., Lehrer an der höheren Gewerbeschule.
68. „ Rudolph, Emil, Betriebs-Director der städtischen Gasanstalt.
69. „ *Schaefer, Jean, Spezereiwaarenhändler, 13. April 1878.
70. „ *Schlaefke, W., Dr, Augenarzt, 9. Februar 1880.
71. „ *v. Schmerfeld, Carl, Forstmeister und Reg.-Rath, 9. Februar 1880.
72. „ Schmidt, Wilhelm, Partikulier.
73. „ Schoenwerck, Adolph, Schuhmachermeister.
74. „ Schotten, Ludwig Friedrich, Dr., Geh. Medicinalrath.
75. „ Schulz, Hermann, Provinzial-Eichungsinspector.
76. „ Schwarzenberg, Konrad, Dr, praktischer Arzt.
77. „ Sievers, Münzverwalter a. D.
78. „ Speyer, Otto, Professor und Lehrer an der höheren Gewerbeschule.
79. „ v. Stamford, Carl, Major a. D.
80. „ *Stamm, Julius, Thierarzt, 9. Februar 1880.
81. „ Stein, Jakob, Dr., Lehrer am israel. Seminar.
82. „ *Steinmetz, Ferdinand, Betriebs-Sekretär, 17. Juni 1878.
83. „ Stern, Konrad, Lehrer.
84. „ *Stolzenberg, Anton, Dr., praktischer Arzt, 9. Februar 1880.
85. „ *Thon, Friedrich, Oberamtmann, 10. November 1879.
86. „ *Ulrich, Wilh Ludwig, Dr., Sanitätsrath, 9. Februar 1880.
87. „ *Vahl, Carl, k. Ober-Postdirector u. Geh. Postrath, 9. Februar 1880.
88. „ Vogeley, Carl, Oekonomierath und General-Secretär des landwirthschaftlichen Centralvereins.
89. „ Waitz v. Eschen, Roderich, Freiherr, Dr. phil.
90. „ *Wallach, Martin, Grosshändler, 9. Februar 1880.
91. „ Weber, Ernst Louis, Forstmeister und Regierungsrath.
92. „ *Weltz, Hermann, Oberstlieutenant und Commandeur des 11. Artill.-Regiments, 9. Februar 1880.
93. „ Wendelstadt, Eduard, Geheimer Reg.-Rath.
94. „ *Wenning, August Friedrich, Rechtsanwalt, 9. Februar 1880.
95. „ *Wenzel, Friedrich August, Corps-Rossarzt des 11. Armeecorps, 9. Februar 1880.
96. „ *Wild, Friedrich, Dr., Geh. Medicinalrath, 9. Februar 1880.
97. „ *Wittmer, Gustav, Dr., Redacteur, 9. Februar 1880.
98. „ Wolff, Salomon N., Fabrikant.
99. „ Zuschlag, Carl, Dr., Oberlehrer am Gymnasium.
100. „ *Zwenger, Julius, Kaufmann, 9. Februar 1880.
101. „ *Zwirnemann, Theodor, Oberst z. D., 9. Februar 1880.

IV.

Verzeichniss
der Akademien, Gesellschaften, Vereine etc.,
mit welchen Schriftentausch stattfindet.*)

(Die mit * bez. Gesellschaften etc. sind während der Vereinsjahre 1878—80 dem Tauschverkehr beigetreten.)

Europa.
1. Deutsches Reich.

Altenburg	Naturforschende Gesellschaft.
Annaberg	Annaberg-Buchholzer Verein für Naturkunde.
Augsburg	Naturhistorischer Verein.
Bamberg	Naturforschende Gesellschaft.
—	Gewerbeverein.
*Berlin	Botanischer Verein der Provinz Brandenburg.
* —	Gesellschaft naturforschender Freunde.
* —	Verein zur Beförderung des Gartenbaues in den preussischen Staaten.
Blankenburg	Naturwissenschaftlicher Verein des Harzes.
*Bonn	Landwirthschaftlicher Verein für Rheinpreussen.
—	Naturhistorischer Verein der preussischen Rheinlande und Westfalens.
Bremen	Naturwissenschaftlicher Verein.
Breslau	Schlesische Gesellschaft für vaterländische Kultur.
* —	Verein für Schlesische Insectenkunde.
Bützow	Verein für Freunde der Naturwissenschaften in Mecklenburg.
Chemnitz	Naturwissenschaftliche Gesellschaft.
*Clausthal	Naturwissenschaftlicher Verein „Maja".
*Cöln	Niederrheinischer Verein für öffentliche Gesundheitspflege.
Danzig	Naturforschende Gesellschaft.
Darmstadt	Gartenbauverein.
—	Verein für Erdkunde.
Dessau	Naturhistorischer Verein.
Donaueschingen,	Verein für Geschichte und Naturgeschichte.
Dresden	Gesellschaft für Natur- und Heilkunde.
* —	Naturwissenschaftliche Gesellschaft „Isis".
Dürkheim	Naturwissenschaftlicher Verein der Rheinpfalz „Pollichia".
*Elberfeld	Naturwissenschaftliche Gesellschaft.
* —	Naturwissenschaftlicher Verein.
Emden	Naturforschende Gesellschaft.
Erlangen	Physikalisch-medicinische Gesellschaft.
Frankfurt a. M.,	Physikalischer Verein.
*	Senckenberg'sche naturforschende Gesellschaft.
Freiburg	Naturforschende Gesellschaft.
Fürth	Gewerbeverein.
Fulda	Verein für Naturkunde.

---

*) Ausser dem reichen Material, welches auf diese Weise der Bibliothek zufliesst, erhält dieselbe auf käuflichem Wege noch: Dohrn, Stettiner entomologische Zeitung.

Verzeichniss der Akademien, Gesellschaften, Vereine etc. 11

Gera	Gesellschaft von Freunden der Naturwissenschaften.
Giessen	Oberhessische Gesellschaft für Natur- und Heilkunde.
*Glatz	Philomathie.
Görlitz	Naturforschende Gesellschaft.
Göttingen	K. Gesellschaft der Wissenschaften.
*Greifswald	Baltischer Centralverein zur Beförderung der Laudwirthschaft.
—	Naturwissenschaftlicher Verein für Neuvorpommern und Rügen.
Halle a. S.	K. Leopoldinisch-Carolinische Deutsche Akademie der Naturforscher.
—	Naturforschende Gesellschaft.
* —	K. Universitätsbibliothek.
—	Verein für Erdkunde.
*Hamburg	Geographische Gesellschaft.
—	Naturwissenschaftlicher Verein für Hamburg-Altona.
—	Verein für naturwissenschaftliche Unterhaltung.
Hanau	Wetterauische Gesellschaft.
*Hannover	Geographische Gesellschaft.
* —	K. Thierarzneischule.
—	Naturforschende Gesellschaft.
* —	Redaction der Hannoverschen Gartenbauzeitung.
Heidelberg	Naturhistorisch-medicinischer Verein.
*Hohenleuben	Voigtländischer alterthumsforschender Verein.
Karlsruhe	Naturwissenschaftlicher Verein.
*Kiel	Gartenbauverein für Schleswig-Holstein.
—	Naturwissenschaftlicher Verein für Schleswig-Holstein.
Königsberg	K. Physikalische ökonomische Gesellschaft.
Landshut	Botanischer Verein.
Leipzig	Museum für Völkerkunde.
*	Naturforschende Gesellschaft.
Lübeck	Gesellschaft zur Beförderung gemeinnütziger Thätigkeit.
—	Naturhistorisches Museum.
Lüneburg	Naturwissenschaftlicher Verein.
Magdeburg	Naturwissenschaftlicher Verein.
Mannheim	Verein für Naturkunde.
Marburg	Gesellschaft zur Beförderung der gesammten Naturwissenschaften.
* —	Universitätsbibliothek.
Metz	Société d'histoire naturelle.
München	K. Bayerische Akademie der Wissenschaften.
Münster	Westfälischer Provinzialverein für Wissenschaft und Kunst.
Neisse	Naturwissenschaftlicher Verein „Philomathie".
Nürnberg	Germanisches Nationalmuseum.
—	Naturhistorische Gesellschaft.
Offenbach	Verein für Naturkunde.
Osnabrück	Naturwissenschaftlicher Verein.
Passau	Naturhistorischer Verein.
Regensburg	Zoologisch-mineralogischer Verein.
Reichenbach	Voigtländischer Verein für Naturkunde.
*Rostock	Universitätsbibliothek.
Schleiz	Naturverein.
*Schneeberg	Naturwissenschaftlicher Verein.
*Stettin	Ornithologischer Verein.
*Strassburg	Kaiserl. Universitätsbibliothek.
Stuttgart	Württembergischer Verein für vaterländische Cultur.
Trier	Gesellschaft für nützliche Forschungen.
*Tübingen	Universitätsbibliothek.
Wiesbaden	Verein für Naturkunde.
Würzburg	Physikalisch-medicinische Gesellschaft.
Zwickau	Verein für Naturkunde.

2. Oesterreich-Ungarn.

Aussig	Naturwissenschaftlicher Verein.
Bistritz	K. k. Gewerbeschule.
*Bregenz	Vorarlberger Museumsverein.
Brünn	Mährisch-Schlesische Gesellschaft zur Beförderung des Ackerbaus, der Natur- und Landeskunde.
—	Naturforschender Verein.
—	Werner-Verein zur geologischen Durchforschung von Mähren.
Budapest	K. Ungarische geologische Anstalt.
* —	K. Ungarische naturwissenschaftliche Gesellschaft.
Graz	Naturwissenschaftlicher Verein für Steiermark.
* —	Steiermärkischer Gartenbauverein.
Hermannstadt	Siebenbürgischer Verein für Naturwissenschaften.
*Innsbruck	Ferdinandeum.
* —	Naturwissenschaftlich-medicinischer Verein.
*Késmárk	Ungarischer Karpathenverein.
Klagenfurt	Naturhistorisches Museum für Kärnthen.
*Klosterneuburg	Chemisch-physiologische Versuchsstation.
*Krakau	Tatraverein.
*Leipa	Nordböhmischer Excursionsclub.
Linz	Museum Francisco-Carolinum.
* —	Verein für Naturkunde in Oesterreich ob der Ens.
*Mödling	Verein der Naturfreunde.
Prag	Naturwissenschaftlicher Verein „Lotos".
—	K. böhmische Gesellschaft der Wissenschaften.
* —	Verein böhmischer Mathematiker.
Pressburg	Verein für Natur- und Heilkunde.
Reichenberg	Verein der Naturfreunde.
*Triest	Società Adriatica di scienze naturali.
*Wien	Centralausschuss des deutschen und österreichischen Alpenvereins.
—	K. k. Akademie der Wissenschaften.
—	K. k. zoologisch-botanische Gesellschaft.
—	K. k. geologische Reichsanstalt.
—	Verein zur Verbreitung naturwissenschaftlicher Kenntnisse.
* —	Naturwissenschaftlicher Verein an der technischen Hochschule.

3. Schweiz.

*Aarau	Aargauische naturforschende Gesellschaft.
Basel	Naturforschende Gesellschaft.
Bern	Naturforschende Gesellschaft.
—	Allgemeine Schweizerische Naturforscher-Gesellschaft.
Chur	Naturforschende Gesellschaft Graubündens.
St. Gallen	Naturwissenschaftliche Gesellschaft.
Lausanne	Société Vaudoise des sciences naturelles.
Neuchâtel	Société des sciences naturelles.
*Schaffhausen	Schweizerische entomologische Gesellschaft.
Zürich	Naturforschende Gesellschaft.
* —	Universitätsbibliothek.

4. Italien.

*Brescia	Ateneo di Brescia.
*Florenz	Reale istituto di studi superiori.
*Genua	Museo civico di storia naturale.
*Modena	Società dei naturalisti.
Neapel	R. Accademia delle scienze fisiche e matematiche.
*Padua	Società Veneto-Trentina di scienze naturali.
*Pisa	Società Toscana di scienze naturali.
*Rom	R. Accademia dei Lincei.
Venedig	Istituto Veneto di scienze, lettere e arti.

Verzeichniss der Akademien, Gesellschaften, Vereine etc. 13

5. Russland.

- Dorpat . . . . . Verein für Naturkunde.
- * — . . . . Universitätsbibliothek.
- *Helsingfors . . . Societas pro fauna et flora Fennica.
- *Mitau . . . . . . Kurländische Gesellschaft für Literatur und Kunst.
- Moscau . . . . . Société impériale des naturalistes.
- *St. Petersburg . Kaiserl. botanischer Garten.
- * — . Kaiserl. Russ. mineralogische Gesellschaft.
- Riga . . . . . . Naturforschender Verein.

6. Frankreich.

- *Amiens . . . . . Société Linnéenne du Nord de la France.
- *Bordeaux . . . . Société des sciences physiques et naturelles.
- *Lyon . . . . . . Muséum d'histoire naturelle.
- * — . . . . . Association Lyonnaise des amis des sciences naturelles.
- *Montpellier . . . Académie des sciences naturelles.
- *Nimes . . . . . Société d'études des sciences naturelles.

7. Grossbritannien.

- *Bristol . . . . . Naturalists Society.
- *Chester . . . . . Society of natural science.
- *Edinburgh . . . Royal Society of Edinburgh.
- *Glasgow . . . . Natural history Society.
- *Manchester . . . Literary and philosophical society.

8. Niederlande.

- Amsterdam . . . Kon. Academie van Wetenschappen.
- * — . . . Zoologische Genossenschaft: Natura artis magistra.
- *Haarlem . . . . Musée Teyler.
- *Leiden . . . . . Nederlandsche dierkundige Vereeniging.
- *Nijmegen . . . . Nederlandsche botanische Vereeniging.

9. Schweden und Norwegen.

- Christiania . . . Königliche Universität.
- * — . . . Buchhandlung von Cammermeyer.
- Stockholm . . . Königl. Akademie der Wissenschaften.
- *Throndhjem . . K. norske videnskabers Selskab.

10. Luxemburg.

- *Luxemburg . . . Institut royal grand ducal. Section des sc. nat. et mathém.
- — . . . Société de Botanique du Grand Duché de L.
- * — . . . Acker- und Gartenbauverein.

11. Belgien.

- Brüssel . . . . . Akademie der Wissenschaften.
- * — . . . . Société entomologique de Belgique.

Asien.

- *Tiflis . . . . . . Kaukasische Section der k. russischen geographischen Gesellschaft.

Amerika.

1. Vereinigte Staaten.

- Boston . . . . Society of natural history.
- *St. Louis (Missouri), Academy of Science.

*Milwaukee . . . Naturhistorischer Verein von Wiskonsin.
*New-Haven . . Connecticut Academy.
Philadelphia . . Academy of natural sciences.
*Utah . . . . . . The Utah Board of Trade.
Washington. . . Smithsonian Institution.
— . . . Departement of agriculture.
— . . . U. S. geological survey of the territories.

2. Mexico.
*Mexico . . . . . Museo nacional.

3. Brasilien.
*Rio de Janeiro . Museo nacional.

Africa.
Kairo . . . . . . Société de Géographie d'Egypte.
*Oran . . . . . . Société de Géographie de la Province d'Oran.

Australien.
*Sidney . . . . . Royal Society of New-South-Wales.

V.

Verzeichniss
der
dem Vereine in den Vereinsjahren 1878—80 zugekommenen Geschenke.

A. Für die Sammlungen.

Von Herrn Dr. **Guckelberger**: Eine beträchtliche Anzahl peruanischer Schmetterlinge.
Von Herrn Gymnasialdirector **Riess**: Sammlung der in der Umgegend von Cassel vorkommenden Pilze.

B. Für die Bibliothek
(und zwar ausser den periodischen Schriften der oben aufgeführten Vereine etc.)

Von den Autoren:
Bericht der **Geschäftsführung** der 52. Versammlung deutscher Naturforscher und Aerzte.
Dr. **Eisenach** in Rotenburg, Verzeichniss der in den Jahren 1837—77 in der Umgegend von Rotenburg a. F. beobachteten Vögel.

Verzeichniss der Geschenke.

Rösler, Prof., Dr., Aus den Laboratorien der k. k. chemischen physiologischen Versuchsstation in Klosterneuburg. Wien 1878.
Temple, Rud., (corr. Mitgl.), Mehrere naturwissenschaftliche Schriften. Pest 1878.
vom Rath, Prof., Dr., (corr. Mitgl.), Ueber den Granit. Berlin 1878.
— — Vorträge und Mittheilungen, Bonn 1880.
Ehrlich, k. Rath, (corr. Mitgl.), Oberösterreich in seinen Naturverhältnissen. Linz 1871.
Sandberger, Prof., Dr., (corr. Mitgl.), Ueber die vulkanischen Erscheinungen.
Pinder, Mus.-Dir., Dr., Ueber die heidnischen Alterthümer der ehemaligen kurhess. Provinzen. 1879.
— — Fest- und Gedenkblatt zur Feier am 23. Mai 1878 als des 100jährigen Bestehens des Museum Fridericianum zu Cassel. 1879.
Mühry, Dr., (corr. Mitgl.), Ueber die exacte Naturphilosophie. 3. Ausgabe. Göttingen 1879.
Scacchi, Dr., (corr. Mitgl.), Ricerche chimiche sulle incrostazioni gialle della Lava Vesuviana del 1631. Napoli. 1879.

Von der k. bayerischen Akademie der Wissenschaften in München:
Buchner, Prof. Dr., Ueber die Beziehungen der Chemie zur Rechtspflege. Festrede.
Gümbel, Dr., Die geognostische Durchforschung Bayerns.
Baeyer, Dr., Ueber die chemische Synthese. Festrede.

Von Herrn Professor Dr. Caspary in Bonn (corr. Mitglied):
Braun, Prof. Dr. A., Die Bedeutung der Pflanzenkunde.

Von Herrn Kaufmann Amrein-Troller in Luzern:
Schmidtlin, Prof. Dr., Der Gletschergarten in Luzern. 12 Exemplare.

Von Herrn Dr. Carl Müller in Halle, Herausgeber der „Natur":
Nr. 10 der Zeitschrift „Natur". enthaltend eine Besprechung des XXIV. und XXV. Jahresberichts des Vereins für Naturkunde.

Von der Naturforschenden Gesellschaft in Halle:
Festschrift zur Feier des 100jährigen Bestehens.

Vom Director des Vereins:
Führer durch Cassel. Festschrift der 51. Versammlung deutscher Naturforscher und Aerzte. 1878.
Tageblatt der 51. Versamml. deutscher Naturforscher u. Aerzte zu Cassel.
„   „ 25.   „   „   „   „   „   „ Aachen.'
„   „ 29.   „   „   „   „   „   „ Wiesbaden.
Coester und Dr. E. Gerland, Beschreibung der Sammlung astronomischer etc. Apparate im Museum zu Cassel. Festschrift.
Jahresbericht der Wetterauischen Gesellschaft in Hanau. 1861—63.
Maly, Analyse des Stainzer Säuerlings Johannisquelle.
15 lithographische Tafeln aus der Anstalt von Werner & Winter in Frankfurt.
Nr. 59 der „Allg. Wiener medicinischen Zeitung" (1877), enthaltend Verschiedenes über die 50. Versammlung deutscher Naturforscher in München. 1877.

Sechs und zwanzig von den Vereinen, mit welchen der diesseitige Verein schon seit längerer Zeit in Tauschverkehr steht, haben mit dankenswerther Bereitwilligkeit der Bitte entsprochen, bezüglich der älteren Jahresberichte etc. derselben hier vorhandene Lücken auszufüllen. Vierzehn der neuerdings dem Tauschverkehr beigetretenen Vereine haben mit ebenso dankenswerther Liberalität eine z. Th. grosse Reihe ihrer älteren Schriften dem Vereine übermittelt.

VI.
Uebersicht
der
in den Monatssitzungen gehaltenen Vorträge und Demonstrationen
in alphabetischer Ordnung der Herrn Vortragenden.

[Auszug aus den Sitzungsprotokollen.]

1) Herr **Dr. Ackermann** hielt am 10. Juni 1878 einen Vortrag über die **Farbe des Wassers**, insbesondere der **Seen** und **Flüsse**.

Der Vortragende gab zunächst eine Uebersicht über die früher zur Erklärung der verschiedenartigen Färbung des Wassers in Meeren, Seen und Flüssen aufgestellten (aber durch nichts begründeten) Hypothesen und erwähnte namentlich die von Newton (Opt. I., 2. x), Xavier de Meistre (Pogg. Ann. Erg. Bd. 1), Arago (Bd. 9 der ges. Werke), Davy und Humboldt (Reisen, Bd. 3, Seite 263), um dann ausführlich die Bunsen'sche Entdeckung, dass chemisch reines Wasser von Natur eine reine blaue Farbe habe, sammt den begründenden Versuchen zu besprechen. Es wurden dann die Versuche von Beetz erläutert, bei welchen durch eine ebenso sinnreiche als einfache Vorrichtung ein Lichtstrahl vermöge mehrfacher Reflexion einen beliebig langen Weg durch eine Wasserschicht zurückzulegen gezwungen ist und welche vollkommen den oben ausgesprochenen Satz, dass reines Wasser blau ist, bestätigten, indem der zuletzt aus dem Wasser austretende Lichtstrahl bei Benutzung von destillirtem Wasser blau war. Beetz untersuchte auf diese Weise auch Wasser aus verschiedenen, besonders auffallend gefärbten Seen, namentlich aus dem blauen Achen- und dem grünen Tegernsee, und fand, dass die austretenden Lichtstrahlen blau resp. grün waren, also ganz dieselbe Färbung zeigten, wie sie das Wasser in den betreffenden Seen dem Auge darbietet, ein Beweis, dass diese ihre Färbung einzig und allein der spezifischen Farbe ihres Wassers, nicht etwa dem Untergrund, der Färbung des Himmels oder ihrer Umgebung verdanken. Nachdem hiernach die Thatsache festgestellt war, dass reines Wasser eine blaue Farbe besitzt, war auch die Frage, warum z. B. der Genfer See, der Busen von Neapel, der Achensee etc. etc. eine so herrlich blaue Farbe zeigen, erledigt und man stand nun vor der neuen Frage: Warum sind die meisten anderen Gewässer nicht blau? Diese Frage haben die chemischen Analysen Wittsteins endgültig gelöst. Die Resultate derselben theilte der Vortragende ausführlicher mit, ebenso die daraus sich ergebenden Schlussfolgerungen, die kurz folgende sind: Die Farbe des Wassers ist keineswegs abhängig von den mineralischen Stoffen, die es enthält, sondern rührt lediglich von aufgelöster organischer Materie her. Diese wird durch die im Wasser vorhandene Alkalien gelöst, ist in Lösung gelb bis braun und gehört zu den sog. Humussäuren. Die aufgelöste Menge hängt allein von der Quantität des vorhandenen Alkalis ab. Je weniger organische Substanz das Wasser enthält, um so weniger weicht seine Farbe von der blauen ab; mit der Zunahme der organischen Substanz geht die blaue Farbe allmählich in die grüne und aus dieser, indem das Blau immer mehr zurückgedrängt wird, in die gelbe bis braune über, welch' letzteres bei den Moorwassern der Fall ist. Diese unmittelbare Vorbedingung der von der natürlich blauen abweichenden Färbung, die Humussäure, findet jedes Wasser reichlich vor; die andere, die mittelbare Ursache dagegen, nämlich das Alkali, ist in sehr ungleichem Grade vertheilt; die an freiem Alkali armen Wasser (sog. harten Wasser) nähern sich daher am meisten der blauen Farbe, die an Alkali reicheren (sog. weichen Wasser) sind im Stande, mehr Humussäure zu lösen und haben dann eine grüne, gelbe bis braune Farbe. Der Alkaligehalt hängt nun wieder von der Natur des von dem Wasser berührten Gesteines ab, so dass dies als der letzte Grund für die Farbe des Wassers zu betrachten ist. Diese Erklärung Wittstein's ist durch Beetz synthetisch glänzend bestätigt worden. Der Vortragende zeigte dann an einer Reihe von näher (Fulda, Werra) und ferner liegenden Beispielen (Seen und Flüssen aus dem deutschen, österreichischen und schweizerischen Alpengebiete), wie sich unter Berücksichtigung der betreffenden Gesteinsformationen die Wittstein'sche Erklärung vollständig bewährt.

Zum Schluss gedachte der Vortragende noch der Farbe des atmosphärischen Wassers in festem Zustande, des Eises und Schnees. Auch diese ist, so paradox es klingen mag, blau. Ganz besonders deutlich lässt sich dieselbe in den Spalten des Gletschereises sowohl, als des Firnschnees betrachten. Dass sie ganz unabhängig ist von dem Zustande der Bewölkung, also frei von dem Einfluss reflectirten blauen Lichtes des Firmaments, das beweist die bekannte Thatsache, dass man dieses prachtvolle Azur in Gletscherstollen, wie sie z. B. früher am Rosenlaui-, am Grindelwald-Gletscher vorkamen, wahrnimmt, auch wenn es draussen in Strömen regnet, von einem Blau der Luft also keine Rede sein kann.

Die Gebrüder Schlagintweit haben die blaue Farbe von Eis und Schnee zum Gegenstande genauer Studien gemacht und gefunden, dass die Farbe des Eises identisch ist mit einer Mischung von 74% Kremserweiss, 25% Kobaltblau und 1% Ockergelb, die des Schnees (und zwar einerlei ob Firnschnees vom Similaun oder Schnees von der Münchener Hochebene) mit einer Mischung von 74,9 Weiss, 24,3 Blau und 0,8 Gelb. Selbstverständlich kann diese blaue Farbe nur bei hinlänglicher Dicke sichtbar werden.

2) Derselbe hielt am 11. November 1878 einen Vortrag »über die sog. **Riesenkessel oder Strudellöcher** und ihre Entstehung unter besonderer Berücksichtigung des Gletschergartens in Luzern.« Nachdem die alte Erklärung dieser vor Jahrzehnten in Skandinavien zuerst aufgefundenen eigenthümlichen kesselförmigen Vertiefungen, welche die Volkssage dort als die Arbeit eines früher den Norden bewohnenden Riesengeschlechts bezeichnete, gebührende Er-

wähnung gefunden, wonach diese Kessel zum Theil durch Wasserfälle oder Stromschnellen, welche Rollsteine in Bewegung gesetzt hätten, entstanden wären, wurde die neuere Entstehungstheorie ausführlich dargelegt, welche diese Riesentöpfe durch die indirekte Einwirkung der Gletscher sich bilden lässt. Hauptsächlich wurde diese Ansicht von einem schwedischen Gelehrten, v. Post, zur Geltung gebracht. Die betreffende Abhandlung desselben »Bidrag till jättegrytornas kännedom« (d. i. Beitrag zur Kenntniss der Riesentöpfe), ist im Besitz der Bibliothek des Vereins und wurde von dem Vortragenden vorgelegt. Die Post'sche Theorie ist in kurzen Zügen folgende: Die Felsen, in denen sich Riesenkessel ausgehöhlt finden, waren früher von Gletschern bedeckt, den Gletschern der Eiszeit. Die Gletscherschliffe beweisen dies. Auf jedem Gletscher nun befinden sich Spalten, Löcher, durch welche das von der Sonne gebildete Schmelzwasser hinabstürzt. Dieses, bald kleinere Bäche, bald reissende Ströme bildend, höhlt in seinem Fall den Spalt tiefer und tiefer aus bis auf den Boden und reisst durch diesen Schacht oder Kamin Blöcke und Trümmerschutt der Moräne mit sich hinab. Wenn nun in Folge besonders günstiger Verhältnisse des Eises sich durch mehrere Sommer — im Winter frieren die Eiskamine ein — immer wieder genau an derselben Stelle eine Gletschermühle bildet, was Agassiz bei seinem Aufenthalt während der vier Sommer 1840—44 auf dem Aargletscher wiederholt beobachtet hat, dann kann die Aushöhlungsarbeit jener durch das Wasser herabgestürzten und in kreisender Bewegung gehaltenen Mahlsteine so ergiebig sein, dass mehrere Meter tiefe Strudellöcher entstehen. — Redner ging nun speciell zu den in nächster Nähe von Luzern im Jahre 1873 aufgefundenen Riesentöpfen über. Er beschrieb zunächst die betreffende Oertlichkeit, die er wiederholt besucht hat, die auf einer Fläche von ungefähr 500 qm 16 solche Töpfe in den verschiedenen Stadien der Bildung von den kleinen Anfängen einer schwachen Aushöhlung bis zu dem mächtigen erst im vorigen Jahre blossgelegten Topfe von 9,5 m Tiefe und 8 m Durchmesser aufweist, schilderte die Lage des Gartens neben dem berühmten Thorwaldsen'schen Löwendenkmal, dem ein kleiner Excurs gewidmet wurde, gab eine Geschichte der Entdeckung (dieselbe geschah 1873) und legte sowohl von dem ganzen »Gletschergarten« als von verschiedenen Riesentöpfen Bilder vor und zwar grosse Kreidezeichnungen, die unter freundlicher Beihülfe des Herrn Malers Neumann dabier ausgeführt worden waren, ferner ein Gypsrelief im Massstab von 1 : 100 und eine Collection von grösseren und kleineren Photographieen, welche mit dem Relief *) der Eigenthümer des Gletschergartens, Herr Kaufmann Amrein-Troller in Luzern dem Redner zu Demonstrationszwecken in liebenswürdigster Weise zur Verfügung gestellt hatte. Der Felsen des Gletschergartens besteht aus Molassesandstein, in dessen Oberfläche die R. eingehöhlt sind. Diese selbst zeigt parallele Riefen und Furchen, unverkennbare Zeugnisse einer ehemaligen Gletscherthätigkeit, die sog. Gletscherschliffe. Auf ihr liegen zerstreut grosse abgerundete, ebenfalls gefurchte und geritzte Blöcke

---

*) Dasselbe ist als Geschenk an das hiesige Museum abgegeben worden.

von Jurakalk aus den Vierwaldstädter Alpen, von Gneis und Granit vom Gotthard, also aus Gegenden, die meilenweit entfernt sind, erratische Blöcke. Ihre Schrammen beweisen, dass sie von Gletschern, nicht von Strömen hierhergetragen worden sind. Im Innern der Löcher finden sich ebensolche Blöcke, oft centnerschwer, begleitet von Kies, Grus, Steinchen aus den gleichen Gesteinsarten (Kalk, Gneis, Granit) bestehend, aber glatt und nicht gerieft und gefurcht, und genau in die Spiralwindungen der Löcher, wo solche vorhanden, passend. Redner entwickelte ausführlich, wie aus diesen Thatsachen unwiderleglich der Schluss folge, dass die R. sich in einer Zeit gebildet haben müssen, als der Gletscher über diese Fläche wegging, nicht nachher, nicht vorher, dass sie also im vollsten Einklang mit der v. Post'schen Theorie stehen, die auch bei hervorragenden Schweizer Geologen wie O. Heer, Heim (Zürich), Desor (Neuenburg) grossen Anklang gefunden. —

Zum Schluss legte der Vortragende auf Grund eines im XXXIII. Bd. d. Abh. des Naturhist. Vereins der Rheinlande enthaltenen Aufsatzes die neueste Sexe'sche Theorie über die Entstehung jener Riesentöpfe dar. Professor Sexe in Christiania hat Riesentöpfe mit stark geneigter, ja ganz horizontaler Axe entdeckt. Die Post'sche Theorie vermag dieselben nicht zu erklären. Die Schwierigkeiten, welche hier einer genügenden Erklärung entgegenstehen, beseitigt Sexe durch Annahme einer directen Einwirkung des Gletschereises. Zur Erläuterung dieser Theorie schickte der Vortragende einige nothwendige Bemerkungen über die physikalischen Probleme der Plasticität und der Regelation des Eises voraus, und kam dann zu dem daraus sich ergebenden Kernpunkt der neuen Theorie: eine zufällig vorhandene Spalte des Grundes oder der Seitenwand des Gletschers wird mit Gletschereis ausgefüllt (Folge der Plasticität); der Gletscher bewegt sich über diesen Eispfropfen hin; die Cohäsion zwischen beiden ist nicht für immer aufgehoben, die Eissäule kann daher gedreht werden. Ein Theil derselben schmilzt in Folge der Wärme des Erdbodens oder der Reibung, es tritt neues Gletschereis hinein, vereinigt sich mit dem alten und die Drehung geht continuirlich weiter. In das Loch werden ausserdem Sand, Steinchen, Steine, später auch Blöcke von dem Gletschereis als weiteres Schleifmaterial mit hineingebracht und die Wirkung ist auf diese Weise weit energischer und erfolgreicher, als bei einem periodischen Wasserwirbel.

3) Derselbe legte am 11. November 1878 das soeben in deutscher Uebersetzung erschienene grosse Werk von Edmund Neison „über den Mond und die Beschaffenheit seiner Oberfläche" nebst dem dazu gehörigen, einige hundert Skizzen enthaltenden Atlas vor. Es gründete sich dasselbe zum Theil auf die Arbeiten von Beer und Mädler, die Hauptresultate aber hat der Verfasser selbst durch achtjährige Beobachtung des Mondes gewonnen. Das Wichtigste darin ist die Bejahung der Frage nach der Existenz einer Mondatmosphäre, deren Dichte an der Oberfläche allerdings blos $1/200$ von derjenigen unserer Atmosphäre sein soll. Die starke Verwitterung einzelner Theile der Oberfläche wird als Folge der Wirkung von Luft und Wasser hingestellt. Im Anschluss hieran geschieht vom Vortragenden der zuerst im vorigen Jahrgang der Wochen-

schrift für Astronomie veröffentlichten kritischen Bemerkungen des Astronomen Hermann J. Klein in Köln. »Über die Veränderungen der Mondoberfläche« Erwähnung. Hiernach ist das Dogma von der absoluten Unveränderlichkeit der Mondoberfläche nicht mehr haltbar; mittelst kräftiger Instrumente werden vielmehr physische Veränderungen wahrgenommen, welche diejenigen auf unserer Erde selbstverständlich an Grösse weit hinter sich lassen. Auffallend bleibt es, dass weder von englisch-irischen, noch von amerikanischen Sternwarten, welche mit den grössten Refraktoren ausgerüstet sind, bis jetzt etwas dergleichen gemeldet worden ist.

4) Derselbe gab am 9. December 1878 durch Vorlegen von Gehörknöchelchen (Otolithen) des Schellfisches, die sich durch relative Grösse auszeichnen, Anlass zu einer Besprechung über das Gehörorgan der Fische.

5) Derselbe machte am 9. December 1878 einige Mittheilungen über die neuerdings beliebte Fütterung der Kanarienvögel mit spanischem (Cayenne-) Pfeffer (Capsicum annuum), wodurch dieselben eine orangerothe Färbung bekommen, legte 3 ihm von einem Londoner Züchter zugegangene chromolithographische Tafeln mit Abbildung solcher gefärbten Vögel vor und berichtete über die Resultate einer längere Zeit hindurch in seiner Vogelstube vorgenommenen Cayennepfeffer-Fütterung.

6) Derselbe legte am 9. December 1878 Photographien von sehr stark (bis 1000fach) vergrösserten mikroskopischen Objekten (Diatomeen. Frosch- und Menschenblutkörperchen, Tracheen der Seidenraupe, Spermatozoen der Ratte, Spinnenfuss, Sandkugeln in den Sehnerven etc. etc.) vor, welche aus der mikro-photographischen Anstalt von Jul. Grimm in Offenburg in Baden stammten und die in jeder Hinsicht als vorzüglich bezeichnet zu werden verdienten. Alle Details, selbst die feinsten, waren so treu wiedergegeben, dabei die Bilder so hell und rein, wie es bei einer noch so geschickt ausgeführten Zeichnung selbstverständlich nie zu erreichen ist. Der Preis dieser Photographien, die sich vorzüglich dazu eignen, in kürzester Zeit mikroskopische Objecte einer grösseren Anzahl von Personen (z. B. in Schulen) zu demonstriren, ist ein äusserst mässiger. 1 Stück in gross Format, aufgezogen, kostet bloss 30—50 Pf.

7) Derselbe legte am 10. März 1879 ein sogenanntes amerikanisches Kaleidoskop von W. Noll in Pr. Minden vor.

8) Derselbe zeigte am 10. März 1879 als ergänzende Illustration zu dem Vortrag vom 11. November 1878 einen den Naturaliensammlungen des hiesigen Museums gehörenden kleinen, sehr regelmässig ausgehöhlten Strudeltopf mit zugehörigem Mahlstein, welcher aus dem Buntsandstein des Ohmthales stammt.

9) Derselbe machte am 9. Juni 1879 einige Mittheilungen über Schlackenwolle, deren Darstellung, chemische Constitution und Verwendung und legte zwei Proben davon vor, die eine von dem Georgs-Marien-Bergwerk- und Hüttenverein bei Osnabrück, die andere aus dem Erzherzog-Albrecht'schen Eisenwerk zu Trzinietz stammend.

10) Derselbe zeigte am 9. Juni 1879 zwei neue aus der Nürnberger Ultramarinfabrik hervorgegangene Ultramarinfarben vor: ein Ultra-

marinroth und -violett. Letzteres ist dadurch gewonnen, dass man blaues Ultramarin auf 180° erwärmt und dann Chlor und Wasserdampf in die Masse leitet. Es bildet sich direct violettes Ultramarinhydroxyd und Chlornatrium, welches letztere man durch Wasser entfernt. Erhitzt man Ultramarinviolett, setzt es dann der Einwirkung von Dämpfen einer mehr oder weniger concentrirten Salpetersäure aus, so entsteht bei Anwendung stark concentrirter Säure rosafarbiges Ultramarin, verdünntere dagegen liefert ein tieferes und dunkleres Ultramarinroth.

11) Derselbe gab am 11. August 1879 eine Darlegung der **Gewinnung und Verwendung der Holzcellulose** oder des **Holzzellstoffes**, welcher seit einigen Jahren bei der Papierfabrikation eine so wichtige Rolle spielt. Die Idee, die Holzfaser für diesen Industriezweig nutzbar zu machen, ist über 100 Jahre alt. Ein Pastor Schäffer in Regensburg stellte zuerst, veranlasst durch die Thatsache, dass die feinen Zellen der Wespennester aus Holzfasern bestehen, Versuche an, Holz zu Papier zu verarbeiten. Dieselben gelangen. Eine practische Bedeutung hatte diese Erfindung nicht und zwar wohl deshalb, weil damals kein Bedürfniss vorhanden war, sich nach einem Surrogate für Lumpen umzusehen. Erst gegen Mitte dieses Jahrhunderts versuchte eine Fabrik, der Papiermasse zerfasertes Holz, also Holzstoff — nicht Holzzellstoff —, zuzusetzen. Das gewonnene Papier war aber schlecht, denn das zugesetzte Material war, wenn auch noch so sehr zerkleinert, immer nur Holz, die Faser noch von einer eigenthümlichen festen Substanz, der sogenannten inkrustirenden Materie, durchdrungen, ausserdem mit harzartigen Stoffen durchsetzt und sog. Extractivstoffen vermischt. Die Abscheidung dieser Stoffe ist erst vor wenigen Jahren gelungen und zwar geschieht sie dadurch, dass das gehörig, in Stücke von 15—15,5 mm zerkleinerte Holz mit caustischer Natronlauge unter dem hohen Druck von 12 Atmosphären einem 6stündigen Kochprocess unterworfen wird. Vortragender erläuterte nun etwas genauer den mechanischen und chemischen Process und illustrirte seine Darstellung durch eine grosse Reihe von Präparaten, welche die sämmtlichen Bereitungsstufen vom rohen Fichtenholzstamme bis zum fertigen schönsten glatten und weissen Papiere veranschaulichten, und die ihm von dem Besitzer der Dalbker Papierfabrik, Herrn Max Dresel, mit dankenswerther Liberalität zur Verfügung gestellt worden waren. Weiter legte derselbe eine Collection von **Buntpapieren** aus der Aschaffenburger Actienfabrik vor, welche, ebenfalls aus blosser Cellulose dargestellt, sich durch ihre Schönheit auszeichneten. Ferner berichtete derselbe über die Verwendung der Cellulose zu Luxus- und Zimmerausstattungsgegenständen aller Art. Eine bedeutende Fabrik, die zu solchen Zwecken jährlich gegen 20,000 Centner Cellulose verarbeitet, ist die von Gebr. Adt in Forbach. Eine Reihe daraus hervorgegangener Erzeugnisse, meist schwarz lackirt und in japanesischer Weise verziert, erregte verdientes Interesse. Zum Schluss wurde noch des **Celluloids** gedacht, dessen Darstellung und vielfältige Benutzung besprochen. Das Schiff'sche Geschäft am Friedrichsplatz hatte dem Verein eine hübsche Collection solcher

Gegenstände für den Sitzungsabend freundlichst zur Ansicht übersandt. An einem kleinen Stück wurde auch gezeigt, dass die vielfach ausgesprochene Behauptung, das Celluloid explodire, wenn es in die Nähe einer Flamme gebracht würde, nicht zutreffend ist. Dasselbe entzündet sich allerdings sehr leicht und brennt wie Siegellack, explodirt aber nicht.

12) Derselbe legte am 8. September 1879 als Ergänzung zu seinen neulichen Mittheilungen über die Verwendung der Holzcellulose verschiedene Fabrikate der Papiertonnenfabrik von Heilemann in Gebhardsdorf vor, nämlich Fässchen, Teller und aus verkohlter Cellulose bereitete Zeichenkohle. Die Fässer zeichnen sich durch grosse Haltbarkeit, Leichtigkeit und Billigkeit aus. Ein Fass von 12,5 l Inhalt kostet 70 Pf., solche, welche zur Aufnahme von Flüssigkeiten aller Arten, selbst Oelen, besonders dicht gemacht worden sind, sind wenig theuerer.

13) Derselbe berichtete am 8. September 1879 nach dem neuesten Hefte der Schriften des Danziger Vereins für Naturkunde über ein neues fossiles Harz, von dem Entdecker Helm »Gedanit« (Gedanum-Danzig) benannt, und legte zwei Stücke davon vor. Dem äusseren Ansehen nach unterscheidet sich dasselbe kaum von Bernstein, wohl aber in der chemischen Zusammensetzung; es enthält nach der Analyse von Helm keine Spur von Bernsteinsäure.

14) Derselbe zeigte am 8. September 1879 ein neues von Voisin und Dronnier ersonnenes, von dem Scheybing'schen Geschäft dahier zur Verfügung gestelltes elektrisches Feuerzeug. Neben einer kleinen, mit Ligroïn gefüllten Lampe steht ein kleines Chromsäure-Tauchelement; wird auf einen Knopf gedrückt, so taucht ein Zinkkölbchen in die Flüssigkeit und der dadurch erregte galvanische Strom geht durch eine kleine Platindrahtspirale, welche über den Docht gespannt ist, und bringt dieselbe zum Glühen. Dadurch wird der Dampf des Ligroïns entzündet, welches nun mit heller Flamme eine beliebige Zeit brennt.

15) Derselbe legte am 8. September 1879 einen Lampenschirm vor, welcher mittelst Steindruck in Blau und Gold den nördlichen Sternenhimmel in genauer astronomischer Ausführung darstellt. Verfertiger ist Chr. Semb, Berlin, Ritterstrasse.

16) Derselbe legte am 8. September 1879 2 Stücke stark phosphorescirenden faulen Buchenholzes vor, welche er vor wenig Tagen in dem Walde zwischen Kragenhof und Landwehrhagen, wo grosse Haufen solchen Holzes lagen, gefunden und die ihre Phosphorescenz noch nicht verloren hatten.

17) Derselbe zeigte am 8. September 1879 mehrere krystallisirte Natrolithe vor, die Ausbeute einer Excursion nach dem Steinberg bei Grossalmerode.

18) Derselbe zeigte am 19. October 1879 ein aus Mexiko importirtes nahezu fussgrosses Exemplar eines Greisenhauptcactus (Pilocereus senilis) vor.

19) Derselbe berichtete am 8. December 1879 über ein vor wenigen Tagen im Buchhandel erschienenes Werkchen betitelt: »Strahlende Materie oder der vierte Aggregatzustand von Professor W.

Crookes. Deutsch von Prof. Gretschel. (Leipzig, Quandt u. Händel.)« Die Untersuchungen Crookes', des Erfinders der Lichtmühle, stützen sich auf eine Reihe von Experimenten, in denen der englische Forscher die Rechtfertigung finden zu können glaubt, den Zustand sehr starker Verdünnung eines Gases als einen vierten Aggregatzustand zu betrachten, der ebenso fern vom gasförmigen liege, als dieser vom flüssigen. Gase betrachtet man als zusammengesetzt aus einer fast unendlichen Anzahl von Molekülen, die nach allen Richtungen hin in beständiger Bewegung sind. Bei der ungeheuer grossen Anzahl ist es dem einzelnen Molekül nicht möglich, nach irgend einer Richtung hin eine verhältnissmässig grosse Strecke zurückzulegen, ohne mit einem anderen zusammenzustossen. Wenn man aber das Gas, z. B. die atmosphärische Luft, die in einer geschlossenen Glasröhre enthalten ist, auspumpt, so wird die Zahl der Moleküle geringer, die Länge des freien Weges grösser, und es kann erstere durch fortgesetztes Auspumpen (Verf. experimentirte mit Glasröhren, in denen die Luft nach seiner Berechnung bis auf ein Milliontel Atmosphärendruck verdünnt war) so weit verringert werden, dass die beständigen Zusammenstösse der Gasmoleküle aufhören, dass die letzteren ihren eigenen Bewegungen ohne Hinderniss gehorchen können, dass man es nun nicht mehr mit einem kontinuirlichen Theil der Materie zu thun hat, sondern dass man sie individuell zu betrachten im Stande ist. Diesen Zustand nun nennt Crookes nach Faradays Vorgang »strahlende Materie«. Die eigene Bewegung erhalten die Gasmoleküle durch einen kräftigen Inductionsstrom, der durch eingeschmolzene Platindrähte (wie bei den Geisler'schen Röhren) in das Innere der Glasröhren geleitet wird. Dabei zeigt sich zunächst die bis jetzt noch räthselhafte Erscheinung, dass die Bewegung der Moleküle nur vom negativen Pole ausgeht, nie vom positiven. Die Eigenschaften des ausserordentlich verdünnten Gases selbst sind folgende: 1) Die strahlende Materie übt eine kräftige phosphorogene Wirkung aus, wo sie auftrifft. Treffen die Moleküle auf die Wände der Glasröhre, so phosphoresciren diese und zwar in verschiedenen Farben, je nach der chemischen Zusammensetzung des Glases. Aber noch viele andere Stoffe, welche in das Innere solcher Röhren eingeschlossen waren und von der strahlenden Materie getroffen wurden, phosphorescirten, z. B. Phenacit, und zwar blau, Spodumen goldgelb, Smaragd karmesinroth, Thonerde, einerlei ob als Rubin oder amorph, prachtvoll roth, am schnellsten und stärksten aber der Diamant in glänzendem Grün und mit der Intensität einer hellleuchtenden Kerze. 2) Die strahlende Materie bewegt sich nur in geraden Linien. In einer knieförmig gebogenen Röhre geht sie nicht um die Ecke des Knies; sie durchfliegt den negativen Schenkel, erhellt die Stelle des Knies, wo sie aufschlägt; der positive Schenkel bleibt dunkel. Dass wirklich materielle Theilchen die Träger der Erscheinung sind, beweist Crookes durch das 3) Experiment: In dem Crookes'schen Vacuum war eine kleine gläserne Schienenbahn angelegt, auf welcher ein Schaufelrädchen in dem Weg der Entladung ruhte; dasselbe drehte sich, von der strahlenden Materie getroffen, und rollte rasch vorwärts. 4) Die strahlende Materie wird von einem Magnete abgelenkt, aber nicht um, wie dies bei geringer

Evacuirung der Fall ist, wieder zur früheren Richtung zurückzukehren, sondern um ihren Weg in der veränderten Richtung fortzusetzen. 5) Die strahlende Materie erzeugt Wärme, wenn ihre Bewegung gehemmt wird, unter Umständen bedeutende Hitze. Gibt man dem negativen Pol die Gestalt eines kleinen Hohlspiegels, so vereinigen sich die fortgeschleuderten Moleküle nahezu in einem Punkt. Wurde an diese Stelle ein Stückchen Iridio-Platin gebracht, so wurde dasselbe weissglühend und schmolz schliesslich. Der Wärmefokus wurde danach durch einen Magnet nach der Glaswand gezogen; das Glas zersprang, es bildeten sich Risse, bald darauf wurde es weich und der Druck der Luft drückte es nach innen ein.

20) Derselbe zeigte am 12. Januar 1880 eine Anzahl verschieden gefärbter Celluloidplatten (Rohmaterial) aus der Mannheimer Fabrik vor.

21) Derselbe zeigte vor und besprach am 12. Januar 1880 das neuerdings in den Handel gekommene sogenannte Topasglas, welches an Stelle des Hyalithglases zur Aufbewahrung lichtempfindlicher Substanzen empfohlen wird.

22) Derselbe legte am 9. Februar eine ihm zu diesem Zweck von dem Grimm'schen mikrophotographischen Institute in Offenburg übersandte grosse Mondphotographie vor und theilte mit, dass das gedachte Institut sowohl eine grössere Anzahl von Totalaufnahmen wie Bilder einzelner Partien anzufertigen in Absicht habe und für dieselben einen Preis von 1,35 M. pro Stück stellen würde.

23) Herr Oberstaatsanwalt **Bartels** legte am 13. Januar 1879 ein von ihm in der Nähe von Hünfeld aufgefundenes schönes Exemplar von Ceratites nodosus vor.

24) Derselbe hielt am 10. November 1879 einen Vortrag über die **52. Versammlung deutscher Naturforscher und Aerzte** in Baden-Baden. Die vorjährige Versammlung hatte nach dem in der 2. allg. Sitzung vom 14. September gefassten Beschlusse die berühmte, im lieblichen Oosthale gelegene Bäderstadt Baden-Baden zur Stätte ihrer heurigen Verhandlungen bestimmt. Der Besuch war trotz der günstigen Lage des Versammlungsortes ein mässiger, es mochten von auswärts nur etwa 400—500 Mitglieder dagewesen sein; das Hauptcontingent der Theilnehmer stellten Baden-Baden und Carlsruhe. Wohnungen waren in reicher Zahl und zu sehr mässigem Preise vorhanden, überhaupt war Alles preiswürdig, von einer Uebertheuerung nirgends die Rede. Die allgemeinen Sitzungen fanden in dem prächtigen Conversationshause, die Sectionssitzungen in den nahegelegenen Schulen statt. Die wissenschaftliche Ausstattung hält einen Vergleich mit Cassel nicht aus: der hier herausgegebene wissenschaftliche Führer, dessen Inhalt ein so vielseitiger war und sich nicht nur über die naturhistorischen Verhältnisse unserer Umgegend, sondern auch über Geschichte, Industrie, Verkehrsmittel, Klima etc. unserer Stadt, über die landwirthschaftlichen Verhältnisse des ganzen Regierungsbezirks verbreitete und so einen nicht nur ephemeren Werth hat, wurde von den in Baden veröffentlichten Druckschriften nicht erreicht. Auch das Tageblatt und die sonstigen Ein-

richtungen gaben zu manchen Ausstellungen Anlass. War es ja Einigen bis zum letzten Tage nicht möglich, ihre Aufnahme in das Mitgliederverzeichniss zu erwirken. Die erste am Morgen des 18. September gehaltene allgemeine Sitzung eröffnete der 1. Geschäftsführer Dr. Baumgärtner mit einer Begrüssungsrede. Nach ihm erhob sich der badische Staatsminister Turban, um die Versammlung im Auftrage seines Fürsten und im Namen des grossh. Staatsministeriums, hinter welchem, wie er sagen zu dürfen glaube, das ganze Land stehe, zu begrüssen. Dieser von ganz besonderem Beifalle begleiteten Rede folgte die weitere officielle Begrüssung durch den Oberbürgermeister der Stadt. Hieran reihte sich der erste wissenschaftliche Vortrag des Professors der Pathologie und Therapie, Geheimraths Prof. Dr. Kussmaul aus Strassburg. Das Thema, welches sich derselbe gewählt hatte, musste die aus Cassel hergekommenen Gäste besonders anheimeln, handelte es doch von den Leistungen des ersten Vorsitzenden der vorjährigen Naturforscher-Versammlung, unseres verstorbenen Mitgliedes Dr. B. Stilling, auf dem Gebiete der Anatomie und Chirurgie. Die Rede gipfelte in dem Wunsche, es möge nun endlich an der Zeit sein, dass die Nachwelt den verdienten Lorbeer um die Schläfe des Todten flechte, den man dem Lebenden vorenthalten. — Der Vortragende ging dann auf die anderen in den allg. Sitzungen gehaltenen Reden über. Dieselben waren zum Theil zu weitläufig und trotz der auf 30 Minuten festgesetzten Zeit viel länger während, zum Theil, wie die Jäger'sche Seelenduftrede höchst eigenartig. Eingehender berichtete sodann der Vortragende über die entomologische Section, welcher er selbst als thätiges Mitglied angehört hat, und welche, wie im vorigen Jahre hier, so auch dort sich eines zahlreichen Besuches zu erfreuen hatte und namentlich durch Berichte bekannter Reisender und Naturforscher, wie Köppen, v. Osten-Sacken, Dr. v. Heyden, Geh.-Rath v. Kiesenwetter, Dr. Eppelsheim, von Hopffgarten u. A., des Interessanten Vieles bot. — Was endlich das Festprogramm nach der Seite der Erholung und der Genüsse anlangte, so war hierfür in reichem Masse gesorgt. Eine Reihe von Ausflügen (Triberg, Eberbach, Strassburg) machte die Besucher mit der näheren wie ferneren Umgegend des Versammlungsortes bekannt. Den Gipfelpunkt der vielen in der Stadt gebotenen Vergnügungen bildete der grosse Ball, zu dem die sämmtlichen Räume des grossen Conversationshauses benutzt wurden und der von über 1000 Personen besucht war. Von Ausstellungen stellte der Vortragende als besonders bemerkenswerth hin diejenige medicinischer Instrumente; von localen Sehenswürdigkeiten das Friedrichsbad, ein palastartiges Gebäude, welches in mehreren Etagen die verschiedensten Bäder, Inhalationseinrichtungen etc. birgt. — Als Bewerberinnen um die nächste Versammlung waren Magdeburg und Danzig aufgetreten, von welchen letzteres nach hartem Kampfe den Sieg davontrug.

25) Herr Controlleur **Barth** legte am 12. Mai 1879 2 Stücke Basalt aus dem Kalk des Weinbergs (Südseite) vor.

26) Herr Redacteur **Canstatt** hielt am 12. Mai 1879 einen Vortrag: **Streifzüge durch Brasilien.** In der Einleitung schilderte der Vor-

tragende in allgemeinen Zügen die mächtigen Eindrücke, die der Europäer empfängt, der zum ersten Male Brasiliens Boden betritt. Schon die Einfahrt in die Bai von Rio de Janeiro ist durch die senkrecht in das Meer abfallenden und natürliche Mauern bildenden mächtigen Granitfelsen eine Scenerie so grossartig, wie sie kaum zum zweiten Male die Erde bietet. Rio selbst gewährt namentlich in zwei Anlagen einen Vorgeschmack all' der Naturwunder, welche des Reisenden im Innern des Landes noch harren, nämlich in der Umgebung der auf der nördlichen Seite der Bai gelegenen kaiserlichen Sommerresidenz Petropolis (einer bedeutenden, und zwar der ältesten deutschen Colonie Brasiliens) und vor Allem in dem in der Vorstadt Botafogo gelegenem botanischen Garten, berühmt durch seine herrlichen Bäume aus fremden Welttheilen (Asien etc.), besonders durch die aus weit über 100 sogen. Palmitas (Oreodoxa regia) gebildete Palmenallee, welche in fast gleicher Höhe von ca. 20 Meter dastehen, »ein starrer Säulengang mit lebensfrischen Capitälern«.
Von hier führte der Vortragende die Zuhörer in die Provinz Rio Grande do Sul, wo er selbst mehrere Jahre zugebracht, in die Provinz des Brasilianischen Continents, die sowohl durch eine ganz besonders üppig schaffende Natur, wie vermöge ihrer hochentwickelten Colonien mit vorwiegend deutscher Bevölkerung vorzugsweise Interesse zu erwecken im Stande ist. Da sind zunächst zu passiren die Campos, d. s. unabsehbare Grasflächen, die analog den Steppen Russlands, den Pampas am La Plata und den Prairien Nordamerikas in Rio Grande do Sul etwa ¹/₂ der ganzen Bodenfläche einnehmen. Dieselben bieten die grossartigsten Weideplätze für die zahlreichen Rindvieh- und Pferdeherden, die in ungestörter Freiheit hier sich ihre Nahrung suchen, bergen aber auch ausserdem noch eine grosse Zahl von anderen Vierfüsslern, Vögeln und niederen Thieren, denen Redner eine eingehende Betrachtung zu Theil werden liess. Ebenso schilderte er genauer die eigenthümliche Flora dieser Grasfluren und gelangte dann zu dem Haupttheil seines Vortrags, der Schilderung des vor allem Andern sehnsüchtig erstrebten Zieles eines jeden Tropenreisenden, des Urwaldes, oder wie ihn der Brasilianer nennt, des Mato virgem, »Jungfräulichen Waldes«, der sich in ursprünglicher Wildheit und durch menschliche Einwirkung fast noch unentweiht dem überraschten Eindringling darstellt. Mit lebhaften Farben schilderte der Redner den Zauber der märchenhaften Pflanzenwelt, die unabsehbare Mannigfaltigkeit der Bildung in Stämmen, Blättern und Blüthen, die artenreiche Baumflora mit ihren gigantischen Formen, die kaum zu entwirrende dem Boden entsprossene Pflanzenfülle und das vermittelnde Element zwischen beiden, ein Charakteristicum des Urwalds, die Lianen und Ciboas. Weit über 100 Baumgattungen liefern Bau- u. a. Nutzhölzer (von den vielen Farbhölzern ganz abgesehen); die einfachsten Möbel und Geräthschaften der Brasilianer sind aus den nach unseren Begriffen kostbarsten Holzarten angefertigt; dass aber die prächtig gemaserte Angico, die Grapia puuha, das Pau-ferro, der Cedro, die Cassia und wie sie alle heissen die zahlreichen Sprösslinge des Urwaldes, von denen Redner theilweise Proben, vorlegte, mit unseren bescheidenen Holzarten in den heimischen Werkstätten der Kunsttischlerei wetteifern können,

das wird freilich im Hinblick auf den gerade jetzt in Berathung stehenden Theil des neuen Zolltarifs noch für einige Zeit ein frommer Wunsch bleiben. — Ebenso grossartig und überraschend wie die Flora ist die Fauna des Urwaldes. Nachdem der Vortragende auch hiervon eine übersichtliche Schilderung gegeben hatte, fügte er zum Schluss in den Rahmen des so gezeichneten Bildes von der üppigen Natur, wie es sich in Südbrasilien den Blicken des Europäers erschliesst, noch Eins ein, nämlich den deutschen Colonisten, der oft der Pfadfinder in jenen Wildnissen, der muthige Pionier der Cultur gewesen ist, sprach sodann von den Schwierigkeiten, mit denen deutsche Einwanderer zu kämpfen hatten und noch haben, um die Aussicht auf eine günstige Gestaltung ihrer Zukunft auf brasilianischem Boden zu verwirklichen und wies dabei nach, wie sehr es auch im Interesse des Mutterlandes gelegen sei, die dort weilenden Landsleute nach Kräften zu unterstützen.

Der in hohem Grade anregende Vortrag war überdies durch Vorzeigung mehrerer der erwähnten Thiere in bildlicher Darstellung, sowie durch Vorlegung einer grossen Zahl der verschiedensten Natur- und Kunstproducte auf's Anschaulichste illustrirt. Wir wollen hiervon nur einige wichtige Nahrungsmittel der dortigen Bevölkerung erwähnen die Mandioca, die wichtigste Nahrungspflanze, deren eine Art wie unsere Kartoffel gegessen, deren andere (in rohem Zustand giftig), getrocknet und zerrieben als Mehl, im Aussehen unserem Hafermehl gleichend, gleichfalls genossen wird und vollständig die Stelle des dort gänzlich unbekannten Brotes einnimmt; dann die schwarze Bohne (Feijão, Phaseolus derasus), welche zusammen mit gedörrtem Fleisch, Farinha (Mandiocamehl) oder Mais im grössten Theil von Brasilien die tägliche Mittagskost der Bevölkerung bildet.

Grosses Interesse erregten auch die Gefässe und Instrumente, mittelst deren der Thee dort genossen wird. Es sind dies kleine Flaschenkürbisse (Cujas), die an der Seite mit einer Oeffnung versehen sind. Eine Handvoll des Thees, von einigen wohl auch mit einem Löffel voll Zucker versetzt, wird darin mit heissem Wasser angebrüht und durch eine silberne, unten siebartige Röhre (bomba) geschlürft. Der Thee. ist der sog. Paraguaythee (Herva mate), das wichtigste südbrasilianische Waldproduct für den dortigen Handel und das Hauptbedürfniss eines grossen Theils der südamerikanischen Bevölkerung (jährlicher Verbrauch etwa 20 Millionen Pfund). Ferner erregten verdiente Bewunderung zu Haarschmuck dienende Blumen- und Blätterguirlanden, welche verfertigt waren aus farbenprächtigen Federn brasilianischer Vögel und Flügeldecken glänzender Prachtkäfer, hauptsächlich der Gattung Cassida angehörend.

27) Derselbe redete am 8. December 1879 über **südbrasilianische Halbedelgesteine**. Nachdem Redner in der Einleitung von dem Reichthum Brasiliens an Edelsteinen überhaupt gesprochen, ging er speciell auf die Halbedelsteine über, welche dieses Land in fast unerschöpflichem Maasse liefert, jene Quarzvarietäten, von denen besonders Achat, Chalcedon, Jaspis, Heliotrop, Amethyst, Bergkrystall zu nennen sind. Die Hauptquelle dieser Gesteinsarten, welche bis an die Ufer des Uruguay und

Rio Negro gefunden werden, ist ein mandelsteinartiges Trappgestein, welches nach vielen Richtungen hin vornehmlich die Provinz Rio Grande do Sul durchzieht und hauptsächlich in dem sich abzweigenden Hochlandsstreifen am Taquary grosse Quantitäten der schönsten Achate birgt. Redner, der Jahre lang in diesen Gegenden gereist, legte eingehend die bezüglichen geognostischen Verhältnisse dar, schilderte die Gewinnung der genannten Steine, den überaus schwierigen Transport aus unwirthlichen, von keinem Schienenstrang, von keiner Strasse durchzogenen Gegenden nach den Hauptsammelplätzen an schiffbaren Flüssen, um dann nach einem geschichtlichen Excurse bezüglich der in früheren Jahrhunderten geschehenen Gewinnung der in Rede stehenden Steine die weiteren merkantilen Schicksale derselben bis zum Eintreffen an ihren europäischen Bestimmungsorten, Belgien und dem früheren Fürstenthum Birkenfeld, darzulegen. Der hier und zwar in den Städtchen Oberstein und Idar schwunghaft betriebenen Achatindustrie, welche nach approximativer Berechnung 6000 Menschen Beschäftigung gewährt, war der zweite Theil des Vortrags gewidmet. Derselbe erstreckte sich zunächst auf die Geschichte dieses merkwürdigen Industriezweiges an den beiden eben genannten Orten, sodann auf die Bearbeitung der oft in Blöcken von 10—15 Centnern aus Brasilien kommenden Quarzgesteine, die Beschreibung der interessanten Vorrichtungen, dieselben zu zerkleinern, zu schleifen und dieselben künstlich zu färben. Ein nur geringer Theil der Achate behält seine natürliche Farbe, die schönen Carneole, Onyxe, und wie die verschiedenen Farbenvarietäten alle heissen, verdanken ihre Färbung einer mehrtägigen Beize mit Säuren mit nachfolgendem Brennen, bezw. dem Kochen in einer honighaltenden Flüssigkeit und in Vitriol. Eine grosse Suite vorgelegter Rohmineralien, wie angeschliffener Steine, aus Brasilien stammend, brachte die verschiedenen in dem Vortrage erwähnten Varietäten zur Anschauung.

28) Herr Reallehrer **Coordes** sprach am 8. September 1879: **Ueber Honigthau und Honigregen.** Er beschrieb zunächst die Erscheinung und beleuchtete dann die dafür bis heute aufgestellten Erklärungen. Der animalische Honigthau möge immerhin Blattläusen seinen Ursprung verdanken, für den eigentlich vegetabilischen Honigthau und zumal in seiner Energie als Honigregen müsse man aus vielen Gründen eine andere Erklärung suchen: Honigthau finde sich auf Pflanzen (Bäumen und Sträuchern), die vollständig blattlausfrei seien, und umgekehrt häufig da nicht, wo Blattläuse vorhanden. Die Honigabsonderung sei als Folge einer durch starke und plötzliche Besonnung übermässig gesteigerten Saftströmung anzusehen, die das Zellengewebe der Pflanze da zerreisse, wo dasselbe am zartesten sei, an den Blattspitzen; ähnlich wie in Süsswasser verpflanzte Salzwasserpflanzen in Folge übergrosser Endosmose an Schlagfluss sterben. Der Honigregen sei durchaus nicht als ein Symptom eines krankhaften Zustandes der Pflanze zu betrachten, sondern nur ein momentanes Misverhältniss zwischen Verdunstung und Saftaufnahme. Zur mehreren Erläuterung gab der Vortragende ein Bild von dem Haushalt und der Ernährung der Pflanze und von der Einwirkung starker Besonnung und Verdunstung auf die endosmotische und Capillar-

kraft, und begründete seine Ansicht mit dem Auftreten des Honigthaus fast ausschliesslich auf der Oberseite der Blätter, mit dem Aufhören des Sprühregens bei Beschattung und in der Abendkühle. Schliesslich erwähnt Redner noch der üblen Folgen der besprochenen Erscheinung: Verstopfung der Athemöffnungen des Blattes durch Saft und Staub, Ansammlung von Pilzen, Fäulniss etc. etc. Aus der sich an den Vortrag anschliessenden Diskussion mag hier erwähnt werden, dass Dr. Kessler insoweit der Ansicht des Vorredners beitrat, dass auch er die Mitwirkung von Blattläusen in Abrede stellte; jedoch glaube er einen krankhaften Zustand der Bäume annehmen zu müssen, sowie dass die abgesonderten Flüssigkeiten als Säfte zur Ernährung nicht dienlich seien.

29) Herr Kreisphysikus Dr. **Eisenach** machte über einen am 16. Oktober 1879 bei Rotenburg an der Fulda gefangenen seltenen Vogel, Lestris pomarina Temm., die breitschwänzige pommersche **Raubmöve** (♂, junger Herbstvogel, vergl. Naumanns Naturgeschichte der Vögel Deutschlands, Bd. 10, S. 487), die nachfolgende dem Vereine am 8. März 1880 zugegangene Mittheilung:

Dieser im hohen Norden einheimische, im deutschen Binnenlande bekanntlich sehr seltene und daselbst meist nur im Jugendzustande beobachtete Vogel war wahrscheinlich durch Nordoststurm in die hiesige Gegend verschlagen worden. Er hatte sich aus grosser Höhe herab auf eine Sandbank am Fuldaufer niedergelassen, 20—25 Schritt weit entfernt von einer Stelle, an welcher gerade mehrere Leute mit Sandaufladen beschäftigt waren. Bemerkenswerth war das durchaus nicht furchtsame oder scheue Betragen des Vogels; es beunruhigte ihn nicht, als die Leute mit Steinen nach ihm warfen, er bewegte sich haschend nach den in seiner Nähe niederfallenden Steinen hin und ward, als er von einem Stein an der Brust getroffen war, ohne besondere Gegenwehr ergriffen, an den Flügeln gebunden und in die Stadt gebracht, wo er nach mehreren Stunden starb. Der Vogel befindet sich ausgestopft in meiner ornithologischen Sammlung. Derselbe hat die ungefähre Grösse einer Krähe, eine mehr plumpe als schlanke Gestalt und im Allgemeinen düster russbraune Farbe des Gefieders mit schwachem Glanze der Oberseite. Die Länge von der Schnabelspitze bis zum Schwanzende beträgt 49 cm, die Flugbreite 1,18 m, die Länge des Flügels vom Bug bis zur Spitze 35 cm, die Länge des Schwanzes (ohne Rücksicht auf die mittleren Federn) 14,5 cm. Das Gefieder ist dicht, weich, an der Vorderseite und dem Nacken mit fein zerschlissenen Rändern; die Flügelspitzen sind wenig gekreuzt und überragen das Schwanzende etwa 6,5 cm. Die Länge des Schnabels von der Kuppenspitze beträgt bis zur Stirn 3,9 cm, bis zum vorderen Rande der Wachshaut 1,8 cm, bis zum Mundwinkel 5,5 cm; die Wachshaut ist 2,1 cm lang, die Schnabelwurzel 1,8 cm hoch und 1,2 cm breit. Der kräftige Schnabel hat an Wurzel und Wachshaut bleigraue Färbung, die mittelstark gekrümmte Spitze, welche den Unterkiefer um 3 mm überragt, ist hornschwarz. Die Nasenlöcher liegen vor der Mitte des Schnabels, sind vorn offen, hinten von der Wachshaut etwas bedeckt.

Das Auge hat eine braune Iris und an seinem Vorderrande einen halbmondförmigen schwarzen Fleck. Stirn, Scheitel und Hinterkopf haben russbraune Farbe und schmale, rostgelbe Ränder an den Spitzen der Federn; Kehle, Halsseiten und Nacken sind lichter gefärbt mit feinen rostgelben und graulichen Federkanten und dadurch etwas gescheckt. Ober- und Unterrücken sind dunkelbraun mit etwas breiteren rostgelben Rändern an den Spitzen der Federn. Brust, Bauch und Seitendeckfedern sind graulichbraun und durch hellere rostfarbene Spitzenränder der Federn wellig gefleckt; die Steissgegend ist mehr grauweisslich mit breiteren theils rostgelblichen theils weisslichen Querflecken. Der Schwanz ist breit und fast gerade abgestutzt, nur an den Seiten wenig zugerundet; er hat 12 gleichbreite, oben schwarzbraune Federn, deren beide mittelste vor den übrigen kaum vorstehen, mit weissen nach der Spitze zu mehr oder weniger bräunlichen Schäften und an der Basis weissen Innenfahnen; die untere Seite des Schwanzes ist an der Spitze schwarzbraun, an der Wurzel weiss. Die oberen Schwanzdeckfedern sind dunkelbraun mit rostgelben Querbinden und Spitzenrändern, die unteren mehr bräunlich und mit breiteren, hell rostfarbenen, stellenweise weisslichen Querbinden und Spitzenrändern versehen. Die grossen Schwungfedern der Flügel sind schwarzbraun, die Schäfte der 4 ersten bis fast zur Spitze rein weiss, auch die Fahnen mit rein weissen Basalflecken versehen; die oberen grösseren Deckfedern der Flügel sind dunkelbraun mit rostgelben Spitzenflecken, die kleineren dunkelbraun mit rostgelben Spitzenrändern. An den Beinen ist der Lauf 5,5 cm hoch, mittelstark, gleich den Zehen und einer über der Ferse gelegenen 1,5 cm nackten Stelle des Unterschenkels bläulich grau gefärbt, vorn mit ziemlich grossen in die Breite gezogenen Schildern versehen und glatt, hinten kleingefiedert und etwas rauh. Die Schwimmhäute zwischen den 3 Vorderzehen haben fast gerade Vorderränder und vorn dunkle, an der Basis gelbliche Farbe. Ohne Kralle misst die mittlere Zehe 4,5, die äussere 4, die innere 3 cm; die Krallen selbst sind hornschwarz, mässig gekrümmt, scharf-spitzig und ca. 1 cm lang. Die Hinterzehe ist wie der Lauf gefärbt, kurz, mit der 5 mm langen hornschwarzen Kralle 1 cm lang. Bemerkt wird noch, dass sich bei der Oeffnung des Körpers 2 etwa hirsekorngrosse Hoden vorfanden und der Magen einen kleinen Kieselstein enthielt, ausserdem nebst den Därmen ganz leer war.

30) Herr Dr. med. **Eysell** demonstrirte am 13. Januar 1879 einen neuen zur Kauterisation dienenden Apparat, den von Paquelin erfundenen **Platin-Brennapparat** oder den Platin-Thermo-Cautère. Derselbe ist von grossem physikalischem Interesse, vor allem aber im Stande, dem Arzte vorzügliche Dienste zu leisten, wenn es sich darum handelt, Pseudoplasmen, namentlich gefässreiche, zu zerstören, insbesondere, wenn die Anwendung der Schlinge unthunlich erscheint. Der Apparat besteht im Wesentlichen aus 3 Theilen: 1) einem Gummischlauch mit zwei Gebläsebällen, wie solche bei Inhalationsapparaten gebraucht werden, 2) einer Flasche, gefüllt mit einer Mischung von Benzin und Petroleum und mit einem Pfropfen verschlossen, in dem zwei Metallröhren stecken, und 3) einem zweiten Gummischlauch, der an seinem Ende den Brenner

trägt, d. i. ein Platinstängchen, vor welchem sich eine mit Platinschwamm gefüllte Metallkapsel befindet. Werden nun die Gummiröhren 1) und 3) über die zwei unter 2) erwähnten aus dem Pfropfen herausstehenden Röhren gezogen, wird die Platinspitze in einer Spiritusflamme erhitzt und wird endlich das Gebläse durch einzelne Stösse in Gang gesetzt und hierdurch aus der Flasche der kohlenwasserstoffhaltige Dampf dem Platin zugeführt, so kann dieses Stunden lang im Glühen erhalten werden; ja, und dies erscheint als der Hauptvortheil, man kann bis zu 30—40 Secunden lang pausiren, den Brenner selbst in Wasser tauchen, ohne dass dieser die Fähigkeit verliert, durch neu begonnenes Spielen des Gebläses wieder in Rothglühhitze versetzt zu werden. —

31) Derselbe zeigte ferner einen neuerdings vielfach gegen Ohrenleiden angepriesenen Apparat vor, der auch hierorts mehrfach Eingang gefunden hat und welcher im Wesen eine Volta'sche Säule bildet und, in Thätigkeit gesetzt, einen schwachen electrischen Strom hervorzubringen im Stande ist. Es ist dieser Apparat in die Kategorie der Schwindel-Heilmittel und zwar der gefährlicheren einzureihen, da der Laie ihm als einem wirklichen Electricitätserreger besondere heilkräftige Wirkungen beizulegen leicht geneigt sein wird, jedoch bekanntermassen bei Ohrenleiden die Anwendung von Electricität von äusserst zweifelhafter Wirkung ist.

32) Derselbe führte am 10. März 1879 einen einfachen Versuch vor, betreffend das Erglühen erwärmten dünnen Platinbleches in Benzindämpfen, welcher in klarer Weise den in einer früheren Sitzung vorgezeigten Paquelin'schen Thermocautère erklärt.

33) Herr Dr. **Gerland** redete am 14. Oktober 1878 über **die Doppelsirene und die Helmholtz'sche Lehre von den Tonempfindungen.**

Anknüpfend an einen früher von ihm im Verein für Naturkunde gehaltenen Vortrag erinnert Redner zunächst daran, dass Helmholtz den Grund der Consonanz und Dissonanz in den in jedem Klange vorhandenen höheren Tönen sieht, die stets in bestimmten Intervallen zum Grundton auftretend beim Zusammenklingen zweier Töne in Interferenz gerathen, wodurch rasch auf einander folgende Schwebungen, Stösse entstehen, die nicht mehr gesondert, sondern als Rauhigkeit des Tones aufgefasst werden. Mittelst einer gespannten Saite machte er die höheren Töne derselben, die harmonischen Obertöne, hörbar, und zeigte, mit 2 gleich gestimmten Orgelpfeifen das Wesen der Schwebungen. Bei Tönen, wie der Flöten, welche fast keine Obertöne besitzen, treten an deren Stelle die Combinationstöne, die in ähnlicher Weise in Interferenz gerathend, dieselbe Wirkung wie jene hervorrufen. Er führte sodann aus, wie diese durch S o r g e zuerst beobachteten, durch T a r t i n i besonders bekannt gemachten und deshalb vielfach auch dessen Namen führenden Töne, nicht wie es Y o u n g und H a l l s t r ö m annahmen, durch die so rasch auf einander folgenden Schwebungen, dass ihre Schwingungszahl denen von Tönen gleich werden, entstehen, sondern aus der Natur des Schalles sich ergeben, welche Thatsache so lange verborgen blieb, als man sich mit der annähernden mathematischen Theorie der die Tonempfindungen hervorbringenden Luftschwingungen begnügte. Eine genauere Theorie liess Helmholtz die Entstehung der **Combinationstöne**, deren Schwingungszahl der Differenz der Schwingungszahlen der ursprünglichen Töne gleich ist, die **Differenztöne**, durch Rechnung begründen; sie führte ihn ausserdem auf eine zweite Art der Combinationstöne, die **Summationstöne**, deren Schwingungszahl durch die Summe der sie bewirkenden Einzeltöne gegeben ist. Diese sind für gewöhnlich nur mittelst besonderer Hülfsmittel (der Resonatoren) wahrnehmbar zu machen. Es gelingt indessen auch bei Instrumenten, die sie besonders stark geben, ohne solche. Derartige Instrumente sind alle diejenigen, wo dieselbe Luftmasse durch die Stösse zweier Töne genügend stark erschüttert wird, und dies geschieht in hervorragender Weise in der **Sirene**. Die Sirene ist von **Seebeck** erfunden und besteht in der ihr von ihrem Erfinder gegebenen Form aus einer Pappscheibe, die auf einem Kreise in gleichem Abstande von einander stehende Löcher besitzt. Bläst man, während die Scheibe rasch rotirt, Luft durch ein Rohr gegen die Löcherreihe, so entsteht ein Ton, der mit wachsender Drehungsgeschwindigkeit höher wird. **Cagniard Latour** legte die Scheibe auf einen durch eine correspondirende Löcherreihe verschlossenen Windkasten. Die Löcher sind derartig schief gebohrt, dass der durch sie hindurchtretende Luftstrom zugleich die drehbare Scheibe, die sich nunmehr um eine senkrechte Axe dreht, in Bewegung setzt, dadurch, dass der schief austretende Luftstrom gegen die in entgegengesetzter Richtung schief gebohrten Löcher der Scheibe stösst und diese so herumtreibt. **Dove** versah dann den Windkasten und die rotirende Scheibe mit 4 Reihen von Löchern, von denen die des Windkastens nach Belieben durch ringförmige Ventile geöffnet werden können; **Helmholtz** endlich verband in seiner **Doppelsirene** zwei solche Sirenen mittelst einer gemeinschaftlichen Axe, sodass beide ihre Löcherreihen einander zukehren und machte den oberen Windkasten durch Kurbel und Getriebe überdies um die senkrechte Mittelaxe drehbar. Ein schon von Cagniard Latour an dem Apparat angebrachtes Zählwerk erlaubt die während einer gewissen Zeit auf die Luft ausgeübten Stösse zu zählen und so die Schwingungszahlen der Töne zu messen. Die Anzahl der Löcher in beiden Sirenen ist nun so gewählt, dass man Einklänge und mehrere Intervalle auf beiden und einer allein erklingen lassen kann. Lässt man nun Töne auf beiden erklingen, so sind die Combinationstöne sehr schwach; durch Drehung des oberen Instrumentes aber lassen sich die Schwebungen der Grund- und Obertöne sehr schön zeigen, da der Ton desselben höher wird, die Stösse auf die Luft rascher erfolgen, wenn man den Windkasten der drehenden Scheibe nach, tiefer dagegen, wenn man ihn derselben entgegen dreht. Erklingt dagegen der Ton auf der unteren Scheibe allein, so sind die Differenz- und Summationstöne sehr stark. Erstere lassen sich besonders leicht hörbar machen (dies geht allerdings auch sehr gut schon mit Orgelpfeifen), indem neben der Quint z. B. die tiefere Octav des Grundtons sehr laut erklingt. Die letzteren hört man aber auch leicht, und namentlich, wenn man Terzen tönen lässt, die ganz abscheulich klingen, obwohl sie vollständig rein gestimmt sind und viel leichter eine Verstimmung des einen ihrer Töne vertragen, wie etwa Quinten. Es gelingt dann auch ganz leicht aus dem Klange dieser Terzen die äusserst dissonirenden Obertöne heraus zu hören. Alle diese einzelnen Vorgänge wurden mit einem trefflichen Instrumente von Plath (Berlin), der physikalischen Sammlung der höheren Gewerbeschule gehörig, experimentell vorgeführt.

34) Derselbe erwähnte am 13. Januar 1879 eine mehrfach in die Tagesblätter übergegangene Notiz, wonach es Lockyer gelungen sei, Stoffe, welche bislang als Elemente gegolten, namentlich Gold, noch weiter zu zerlegen und berichtete kurz über eine neuerdings von der »Times« gebrachte und wahrscheinlich von Lockyer selbst herrührende Mittheilung, dass gewisse spektroskopische Fixstern-Beobachtungen es allerdings wahrscheinlich gemacht, dass mehrere Metalle nicht Elemente seien, dass man aber von einer endgültigen Lösung dieser Frage noch sehr entfernt sei.

35) Derselbe hielt am 11. Februar 1879 einen Vortrag über **den gegenwärtigen Stand unserer Kenntnisse von der physikalischen Beschaffenheit der Sonne.** Nachdem der Vortragende mit Zuhülfenahme von Experimenten die Grundzüge der Spektralanalyse auseinandergesetzt und durch einen Versuch die Art der Entstehung der Fraunhofer'schen Linien veranschaulicht hatte, wandte er sich zur Beschreibung der Oberfläche der Sonne und der Vorgänge, die wir daselbst teleskopisch beobachten können, darunter derjenigen Erscheinungen, welche früher nur bei totalen Sonnenfinsternissen beobachtet werden konnten, der Protuberanzen und der Corona. Wie es möglich ist, die ersteren zu jeder Zeit zu sehen, zeigte er dann durch einen weiteren Versuch, erwähnte auch, dass es in Italien geglückt sein soll, die Corona unter gewöhnlichen Umständen zu sehen. Er beschrieb dann weiter die Anwendung des Spektroskops, zur Beobachtung der Himmelskörper und führte die mit demselben erhaltenen Resultate vor. Einen weiteren Fortschritt in unserer Kenntniss von der Natur der Sonne bedingte dann die richtige Anwendung der Photographie, welche früher keine brauchbaren Resultate hatte geben können, da man die Bilder immer überexponirt hatte. Die Sonne ist nach diesen Forschungen von verschiedenen heissen Schalen umgeben: die innerste leuchtende (Photosphäre), welche ein continuirliches Spektrum geben würde, und einer zweiten, diese umgebenden (Chromosphäre), welche aus kühleren Dämpfen bestehend, Licht der ersteren von bestimmten Wellenlängen absorbirt und so die Fraunhofer'schen Linien verursacht, die umgekehrt zu sehen bei verschiedenen totalen Sonnenfinsternissen geglückt ist. Das Licht der Corona ist zum grössten Theil eigenes, so dass eine Anzahl Forscher sie für in die Nähe der Sonne gekommene Meteore halten. Die Sonnenflecken, denen die eine Verstärkung des Leuchtprocesses andeutenden Sonnenfackeln vorausgehen oder mit ihnen in Verbindung vorkommen, werden von Einigen für abgekühlte Massen, flüssige oder gasförmige, gehalten, die aus dem Sonneninnern emporgeschleudert, sich rasch abgekühlt haben. Sie geben Veranlassung zu den Protuberanzen, welche der Hauptsache nach aus

Wasserstoff bestehen. Andere halten sie für heisser als ihre Umgebung und glauben, dass man durch sie in das nichtleuchtende Innere der Sonne blicken könne. Nachgewiesen ist an den Flecken eine aufsteigende Bewegung der die Sonne zusammensetzenden Substanzen. Mit Hülfe der Photographie endlich ist man im Stande gewesen, die eigenthümliche Structur der Sonnenoberfläche, die wie aus Reiskörnern zusammengesetzt, granulirt, erscheint, genauer zu studiren. Demnach besteht die Sonnenoberfläche aus einzelnen hellen, von dunkleren umgebenen Stellen, von denen einzelne wieder an Helligkeit die anderen übertreffen. Letztere können sich zu Fackeln erweitern und deuten dann Stellen an, wo der Glühprocess der Sonne in Steigerung begriffen ist, während für gewöhnlich diese Theilchen heissere Stellen in weniger heissen, wie die aufsteigenden Dampfblasen in kochendem Wasser, darstellen. Vermöge des Beharrungsvermögens, das ihnen durch ihre Rotationsgeschwindigkeit ertheilt ist, hat man nun weiter zur Erklärung der Periodicität der Sonnenflecken geschlossen, dass die von Innen nach Aussen eruptiv wirkende Kraft eine gewisse Grösse erreicht haben muss, um die äusseren Theilchen zur Seite zu treiben; dazu bedarf es aber einer längeren Zeit, so dass solche Ausbrüche in grösserer Häufigkeit etwa alle zehn Jahre erfolgen, ein Erklärungsversuch, der jedoch unberücksichtigt lässt, dass die Flecken an bestimmte Breiten gebunden sind. Die Versuche, die Temperatur der Sonne zu bestimmen, haben bis dahin zu noch sehr auseinandergehenden Resultaten geführt.

36) Derselbe sprach am 9. Juni 1879 über **den Fulda-Diemel-Canal** des Landgrafen Carl. Bei seinen mehrfachen Arbeiten über Papin, bemerkte der Vortragende, hätten ihm hauptsächlich die vorgefassten Meinungen Mühe gemacht, die, mit äusserster Zähigkeit festgehalten, es sehr erschwert hätten, Klarheiten in die Leistungen Papins hier am Orte zu bringen. Namentlich brachte denselben auch die Ueberlieferung mit dem Fulda-Diemel-Canal in Verbindung, zu dessen Anlage der Landgraf Carl sich des genialen Erfinders bedient haben sollte. Eine von Papin begonnene Dampfmaschine hätte in der Nähe von Hofgeismar das Wasser in den Canal pumpen sollen, sei aber unvollendet geblieben, da Papin inzwischen Cassel verlassen habe. Dies war an sich schon unwahrscheinlich, da Papin selbst hierüber nichts sagt, obwohl er gerade in den letzten Jahren seines Hierseins Leibniz eingehende Mittheilungen über seine Arbeiten machte. Ganz und gar unhaltbar wird aber der Inhalt der Tradition durch ein Actenstück, worin dem Minister Waitz v. Eschen im Jahre 1785 der Inhalt von Nachforschungen über den Canal bei den ältesten Leuten in Helmarshausen mitgetheilt wird und dessen Einsicht der Vortragende der Freundlichkeit des Herrn Baron Dr. Waitz v. Eschen dahier verdankt. Damals, in dem Jahre, in welchem Casparson's Geschichte der französischen Colonien erschien, wusste man also kaum noch etwas in Cassel von der merkwürdigen Aussage. Der Canal ist nach diesem Actenstück in den Jahren 1726 und 1727 von einem Marktschiff befahren worden, angelegt hat ihn der spätere russische Feldmarschall Münnich, welcher damals Oberst in hessischen Diensten war. Da es aber nicht möglich

war, die reissende Diemel schiffbar zu halten, so schlief die Schifffahrt bald wieder ein. Der Canal ist nichts anderes, als der berichtigte Lauf des Flüsschens Esse. Da dies das in jener Gegend vorhandene Wasser abführt, so ist nicht einzusehen, was die mysteriöse Maschine Papin's pumpen sollte, da alles disponible Wasser bereits den Canal speiste. Es ist ausserdem unmöglich anzunehmen, dass nach fast 20-jähriger Pause man die Arbeiten Papin's wieder aufgenommen hätte, schon desshalb nicht, weil sie der Landgraf als seine eigenen betrachtet hatte und so fortführte. Er gab den Wunsch, eine Dampfmaschine zu besitzen, nicht auf, sondern liess 1722 an der Wallmauer, ganz in der Nähe des Kunsthauses, durch den kaiserlichen Baumeister Fischer eine Savery'sche Maschine aufstellen, die einen Springbrunnen trieb. 1765 stand dieselbe einem in dem Museum befindlichen Actenstücke zufolge noch dort und wurde ihr Schuppen damals erneuert. Was aus ihr geworden, ist unbekannt. Immerhin dürfte es für Viele von Interesse sein, zu erfahren, dass diese Dampfmaschine die erste war, welche in Deutschland in Thätigkeit gesetzt wurde, wenn man von Papin's Modellen absieht.

37) Derselbe machte am 8. September 1879 Mittheilungen über die angebliche Entdeckung anesthetischer Mittel durch Papin. Französische Schriftsteller erwähnen einer Schrift von Papin aus dem Jahre 1681 über schmerzlose Operationen, wonach Papin der Erfinder der Anesthesie wäre. Das Manuscript soll er vor seinem Wegzug von Cassel im Jahre 1707 einem Freunde, dem Dr. Börner, gegeben haben, mit dessen Nachlass es in den Besitz der hiesigen Landesbibliothek gekommen sein soll. Dies Manuscript ist aber weder hier, noch in Darmstadt, wohin es eine andere Version weist, vorhanden, auch nie vorhanden gewesen. Aus dem Briefwechsel mit Leibniz ergibt sich nun mit aller Sicherheit, dass Papin ein solches Werk nicht geschrieben haben kann, dass hier vielmehr wohl eine Verwechselung mit Papin's Freund, dem Leibarzt des Landgrafen Carl, Dolaeus, zu Grunde liegt. Redner behält sich vor, an einem anderen Orte demnächst auf diese Sache zurückzukommen.

38) Derselbe hielt am 13. October 1879 einen Vortrag über **das Chlorophyll und seine Bedeutung beim Lebensprocesse der Pflanzen.** Nachdem der Vortragende unter Vorzeigung mehrerer Präparate die optischen Eigenschaften des grünen Pflanzenfarbstoffes, des Chlorophylls, auseinandergesetzt hatte, ging er auf die Veränderungen ein, welche unter Anwesenheit des Sauerstoffes das belichtete Chlorophyll erfährt. Früher von ihm angestellte Versuche hatten ergeben, dass die Einwirkung des Lichtes zunächst eine Oxydation einleitet, der dann bei fortgesetzter Belichtung eine vollständige Verfärbung folgt und dass in Folge dessen zwei Abänderungsstufen des Chlorophylls zu unterscheiden seien. Bei Abwesenheit von Sauerstoff übt das Licht keine Einwirkung auf den Farbstoff aus. Weiter führt er die Ansicht über die physiologische Bedeutung desselben für das Leben der Pflanze an, auf welche ihn jene Versuche geführt hatten, dahin gehend, dass das Chlorophyll eher ein Product, als der Träger des Ernährungs-

processes der Pflanzen sein möchte, eine Ansicht, welcher damals botanischerseits vielfach widersprochen wurde. Durch Versuche von Pringsheim wurde dieselbe jedoch neuerdings insofern bestätigt, als dieser Forscher als Function des grünen Farbstoffes fand, die Kohlensäure zersetzende Thätigkeit, welche nur im Lichte stattfindet, zu beschränken. Dies nachzuweisen, brachte er grünende Pflanzentheile unter das Mikroskop und setzte sie concentrirtem Sonnenlicht aus. Das Chlorophyll entfärbte sich, ohne dass die Pflanzentheile starben, die in wenig intensiver Beleuchtung weiter vegetiren konnten, im Sonnenlicht aber sehr bald zu Grunde gingen. Zugleich wies er einen bis dahin noch nicht bekannten Körper nach, den man für den eigentlichen Träger des Assimilationsprocesses der Pflanze wird halten müssen und den er Hypochlorin nennt. Ausser dieser Function des Chlorophylls kann dasselbe, worauf Pringsheim zurückzukommen gedenkt, auch noch manche andere haben. Die Täuschung, es zum Träger des Ernährungsvorgangs der Pflanze zu machen, beruhte darauf, dass letztere eben nur in grünen Pflanzentheilen vor sich geht. Diese Thatsache erklärt jedoch die Annahme Pringsheim's in der befriedigendsten Weise.

39) Derselbe erläuterte am 10. November 1879 einen Apparat, welcher 1690 von Hofrath Reisel in Stuttgart construirt und eingehend von Papin kritisirt wurde, und auf dem nämlichen Princip beruht, wie die viel jüngere Quecksilber- oder Wasserluftpumpe.

40) Herr **Heydenreich** berichtet am 17. Juni 1878 über den Edison'schen Phonograph und damit angestellte Versuche, die er kürzlich in Frankfurt a. M. zu sehen und zu hören Gelegenheit gehabt habe, und legte mehrere dabei benutzte Stanniolblätter vor.

41) Herr **Dr. Hornstein** legte am 17. Juni 1878 einen Oberschenkelknochen des Dinornis giganteus Ow. vor.

42) Derselbe legte am 11. November 1878 einen Mahlstein aus den Gletschertöpfen des Luzerner Gletschergartens vor.

43) Derselbe zeigte am 12. August 1878 das von Edison erfundene Mikrophon vor. Das durch seine Einfachheit ausgezeichnete Instrumentchen ist aus zwei zu einander senkrechten Brettchen von den Dimensionen 6 cm : 8 cm zusammengesetzt; an dem aufrecht stehenden sind zwei kleine mit Polschrauben versehene Stäbchen aus plastischer Kohle befestigt, zwischen welchen ein eben solches Kohlenstäbchen, das mit Quecksilber imprägnirt ist, so aufgestellt ist, dass es kleine Oscillationen machen kann. Dieser Apparat wird in die Leitung eines Telephonpaares, nachdem dieselbe mit einer schwachen galvanischen Batterie — es genügt ein einziges Element, bei den Versuchen kam ein Chromsäure-Element zur Anwendung — in Verbindung gesetzt ist, eingeschaltet. So vorgerichtet, übermittelt der Apparat die leisesten und zartesten Töne und Geräusche dem mit einem der oben erwähnten Telephone bewaffneten Ohre, auf grosse Entfernungen hin. Der in der Sitzung zum Anstellen von Versuchen gebrauchte Apparat war von dem hiesigen Mechanikus Scheyhing in der Königsstrasse angefertigt.

44) Derselbe berichtete am 13. Januar 1879 über eine interessante Entdeckung, die Herr Dr. Bücking, Reichsgeologe in Strassburg, bei einer gelegentlich der letzten Naturforscherversammlung nach dem Habichtswald ausgeführten Excursion gemacht hat. Bücking fand nämlich im Basalte der Kohlenstrasse unterhalb des Druselwirthshauses kleine weisse Kryställchen, die er nach sorgfältigen Untersuchungen jetzt als Phillipsit constatirt hat, welches Mineral sich in Menge (wenigstens im Anfang der 60er Jahre) noch an einem zweiten Orte in Hessen fand, am Stempel bei Marburg. — Er verliest ein Schreiben des Herrn Dr. Bücking vom 6. December 1878, welches im Folgenden mitgetheilt wird: »Auf der am Sonntag den 15. September d. J. von Theilnehmern an der Naturforscher-Versammlung zu Cassel veranstalteten Excursion nach dem Habichtswald unter der vortrefflichen Führung der Herren Dr. Hornstein, Börsch und Holzapfel fanden Herr Studiosus Ebert und ich in dem Basalt, welcher unterhalb des Druselwirthshauses an der Kohlenstrasse in ausgedehnten Steinbrüchen gewonnen wird, kleine weisse, trüb aussehende Kryställchen in einem weissen, erdigen Zersetzungsproducte. Die meisten zeigten eine quadratische Säule von $1-1^1/_2$ mm Durchmesser und $3-4$ mm Länge, ein Kryställchen auch Endflächen, welche auf den Kanten des Prismas gerade aufgesetzt sind. Der ganze Habitus erinnerte, zumal die Spitze des Krystalls nicht vollkommen ausgebildet war und die äusserst feine federförmige Streifung sich der oberflächlichen Betrachtung entzog, sehr an Apophyllit. Die nähere Untersuchung, insbesondere die Messung, ergab jedoch, dass nicht dieses Mineral, sondern Phillipsit vorliegt, von der Ausbildung, wie sie dem ersten Typus Streng's zukommt (die Federstreifung auf den Pyramidenflächen P bildet nach der Säulenkante hin den spitzen Winkel), ganz entsprechend der Fig. i in Naumann-Birkel's Lehrbuch der Mineralogie, S. 624. An einigen Kryställchen sind in der Prismenzone auch einspringende Winkel ganz schmal vorhanden da, wo die übrigen Krystalle die rechtwinkligen Kanten besitzen. Bekanntlich hat Köhler in seiner Arbeit »über den Kreuzstein« (Pogg. Ann. 1836/37 S. 561) schon Phillipsit (»Kalkkreuzstein«) vom Habichtswald erwähnt und als typische Form, in der jene Phillipsite aufzutreten pflegen, einen durch wiederholte Zwillingsverwachsung einem regulären Rhombendodekaëder ähnlichen Krystall abgebildet. Die von ihm beschriebenen Krystalle stammen aber nach seinen Angaben von einem andern Fundort, nämlich vom „Hohen Gras" auf dem Habichtswald. Demnach dürften die von mir untersuchten Phillipsite ein neues Vorkommen repräsentiren, welches von dem von Köhler beschriebenen auch in der Ausbildungsweise der Krystalle beträchtlich abweicht.«

45) Derselbe hielt am 10. März 1879 einen Vortrag: **Ueber die Beziehungen der Lebewelt zu den Geschöpfen früherer Perioden.** Einleitend bemerkte der Vortragende, dass er nicht die Absicht habe, nur in allgemeinen Umrissen und populärer Fassung das Thema zu behandeln, sondern dem Charakter der Gesellschaft entsprechend in streng wissenschaftlicher Weise an einzelnen Beispielen die Beziehungen zu verfolgen, welche zwischen den noch lebenden Geschöpfen und jenen

bestehen, deren Reste und Spuren in den Schichten der Erde aufbewahrt liegen. Er gedächte heute in diesem Sinne die Klasse der Cephalopoden einer Besprechung zu unterziehen, um später mit anderen Thierabtheilungen in der gleichen Weise fortzufahren. Nach einem Hinweis auf die Hülfsmittel für das Studium der Paläontologie, wobei besonders noch auf die jetzt in der Bearbeitung befindlichen, bei Th. Fischer hier erscheinenden vorzüglichen paläontologischen Wandtafeln von Prof. Zittel (München) aufmerksam gemacht wurde — es waren einige Proben ausgestellt —, besprach der Vortragende die Naturgeschichte der Cephalopoden im Allgemeinen und der Vierkiemer insbesondere, indem er überall namentlich die Verhältnisse berücksichtigte, welche für die Beurtheilung und Kenntniss der fossilen Reste von Wichtigkeit sind. Derselbe erläuterte, wie die Familie der Nautiliden, welche gerade in den ältesten Zeiten in grösster Mannigfaltigkeit entwickelt gewesen, allmälig mehr und mehr zurücktrat und dennoch mit seltener Langlebigkeit bis in die jetzigen Zeiten ausgedauert habe, während die Familie der Ammonitiden, welche sich allmälig von jener abzweigt, erst später auftritt und in mannigfaltigster Weise in der Kreide sich entwickelt, um alsdann vollkommen von dem Schauplatz der Erde zu verschwinden. Die gar wenigen jetzt noch lebenden Vertreter der Familie der Nautiliden, und zwar speziell der Gattung Nautilus, von denen eigentlich nur die häufigste Art, Nautilus pompilius, einigermassen untersucht ist, stehen so als halbe Fremdlinge in der Jetztwelt, als letzte spärliche Vertreter einer Thierordnung da, welche ehedem in grossem Reichthum und bunter Mannigfaltigkeit der Formen und in zahllosen Individuen die Meere bevölkerte. Diese allein geben so auch den Schlüssel zu dem Verständniss und der richtigen Beurtheilung jener für die Geologie so ausserordentlich wichtigen Thierreste. Von besonderer Bedeutung gerade hierfür ist auch die Art der Schalenbildung. Indem der Vortragende noch nachwies, dass die von Keferstein aufgestellte und jetzt ziemlich allgemein adoptirte Theorie über die Bildung der Kammerwände namentlich aus physikalischen Gründen unmöglich richtig sein könne, stellte er dafür die Theorie auf, dass die Wände sich in dem hinteren Theile des Mantels erzeugten und in gleicher Weise, während sie an Dicke zunehmen, durch Zuwachs an der vorderen und Resorption auf der hinteren Seite nach vorn geschoben würden, wie das auch von den Haftmuskeln und dem Annulus angenommen werde. Die Theorie wurde des Weiteren ausgeführt. — Der Vortrag war unterstützt durch Vorlegung und Demonstration zahlreicher Spiritus-Präparate, Schalen, Zeichnungen und Petrefacten aus dem Besitz der Realschule I. O., des Vortragenden selbst und des Königl. Museums.

46) Derselbe zeigte am 9. Juni 1879 eine schöne Phillipsitdruse vor, die er neuerlichst in den Steinbrüchen am Hunrodsberg, von wo auch das von Herrn Dr. Bücking besprochene Exemplar stammt, gefunden hatte. Er nahm dabei Gelegenheit, unter Vorlegung zahlreicher Exemplare von Phillipsit und Barytharmotom, die wichtigsten Fundorte dieser beiden Mineralien zu besprechen, insbesondere auf die neueren Arbeiten über dieselben von Streng, Trippke und Fresenius hinzuweisen, durch

welche die monokline Natur der beiden Mineralien wiederholt nachgewiesen und wieder für den Isomorphismus derselben eingetreten wird.
47) Derselbe besprach am 9. Juni 1879 einen jüngst am Weinberge aufgeschlossenen Basaltgang (von dem Herr Barth in voriger Sitzung Proben vorgelegt hatte), der sich nach Beschaffenheit des Basaltes und nach der Richtung als zusammenhängend zu ergeben scheint mit den beiden früheren Aufschlüssen von der Augustastrasse und am Kratzenberge (welch letzterer schon seit langer Zeit den Geologen als classischer Punkt bekannt ist). Den in der Hohenzollernstrasse im Jahre 1876 aufgeschlossenen Gang meint er wohl für einen parallelen Gang halten zu sollen. Das Gestein von dem neuen Aufschluss ist ausgezeichnet durch die ungewöhnliche Führung von Schwefelkieskryställchen als accessorische Gesteinsgemengtheile. Der Vortragende legte Handstücke und Dünnschliffe von den besprochenen Fundorten vor.
48) Derselbe berichtete am 11. August 1879 — entsprechend früheren Beschlüssen und Wünschen, dass über die eingelaufenen Werke und Zeitschriften von Mitgliedern in den Sitzungen Referate gegeben werden möchten — nach den »Verh. des Naturh. Ver. der Rheinlande« über einige darin enthaltene Aufsätze etc. Die erste Mittheilung betrifft Versuche, welche angestellt worden sind über Conservirung von Thieren in Petroleum anstatt in Spiritus, in welch' letzterem die Körper regelmässig stark zusammenschrumpfen und mehr oder weniger verblassen. In Petroleum sollen die Gegenstände Form und Farbe bewahren. Nach den Versuchen des Berichterstatters, die derselbe in Folge jener Angaben angestellt, scheint sich Petroleum jedoch nicht als Conservirungsmittel zu bewähren. Grössere Käferlarven haben zwar während der noch kurzen Versuchszeit ihre volle Form und ihr durchscheinendes Weiss sehr schön bewahrt, während gleich lang in Spiritus und Alkohol aufbewahrte vollkommen zusammengeschrumpft und dunkelbraun geworden sind, andere Thiere aber, wie Salamander und eine Smaragdspinne, haben nach und nach die intensiven Farben eingebüsst und die letztere hatte sich sogar mit Schimmel überzogen. Die Versuchsobjecte wurden vorgelegt. — Einem weiteren Artikel der Zeitschrift gegenüber, in welchem Prof. Mohr in Bonn die Existenz der krystallisirten Schlacken bestreitet, legt Dr. H., da die Sache für gewisse geologische Fragen über Vulcanismus von Wichtigkeit ist, zwei Exemplare von krystallisirten Frischschlacken vor, von welchen besonders das eine so schöne und deutliche Krystalle in der Form des Olivin zeigt, dass ein Zweifel an der Natur derselben nicht möglich ist. Ferner weist der Vortragende auf einen Reisebericht des Bonner Professor Gerhard vom Rath hin, den derselbe über einen längeren Besuch der reichen ungarischen und siebenbürgischen Mineralfundstätten geliefert hat. Er macht namentlich aufmerksam auf den Bericht über den Besuch der reichen Goldlagerstätten und der Edelopalgruben. Er nimmt Gelegenheit, unter Vorlegung einer Sammlung von Exemplaren des Edelopal, Milchopal, Glasopal, von Markasit, Trachyt etc. aus den Edelopalgruben Czerwenitza's, über das schöne Mineral ausführlicher zu sprechen und weist dabei namentlich auf die neuerlichen Untersuchungen von Behrens hin. Die Ansichten

über die Ursache des schönen Farbenspiels des Opals wurden noch durch Demonstration von Dünnschliffen des Edelopal und von anderen Objecten, welche ähnliche Erscheinungen zeigen, erläutert. Behrens kommt zu dem Schlusse, dass die Opalfarben zu den sog. Oberflächenfarben gehören und durch elective Reflexionen erzeugt werden und zwar an sehr dünnen Blättchen von Opalsubstanz, welche etwas verschiedene Brechbarkeit als die Hauptmasse besitzen. Hervorgehoben zu werden aus dem Bericht des Vortragenden verdient noch die Angabe, dass bis vor Kurzem (vor circa zehn Jahren), wo in Mexiko eine reiche Edelopalfundstätte entdeckt wurde, alle Edelopale, welche als Schmucksteine zur Verwendung kamen, einzig und allein diesem einen ungarischen Fundort entstammten; übrigens bezögen sich alle Namen, welche in den Sammlungen und sonst als Fundorte des Edelopals aufgeführt würden, wie Kaschau, Eperies, Dubnik, Czerwenitza, Libanka u. s. w., auf dieselben Gruben im Libankaberg, eine Stunde von dem Dorfe Czerwenitza, zwischen Kaschau und Eperies; Dubnik ist ein kleiner Häusercomplex dicht bei den Gruben (deren Eingang sorgfältig verschlossen gehalten wird), den der Pächter, Herr von Goldschmidt, und die Bergbeamten bewohnen. Für die Ausbeutung der Opalgruben wird eine jährliche Pachtsumme von 60,000 Gulden bezahlt.

49) Derselbe referirte am 11. August 1879 über einen Aufsatz von Melsheimer, betreffend die in Westphalen vorkommenden Reptilien und Amphibien und legte im Anschluss hieran schöne lebende Exemplare von drei der wenigen in Deutschland vorkommenden Schlangenarten vor, von Coronella laevis oder austriaca, unserer so oft für eine Kreuzotter angesehenen glatten Natter, von Tropidonotus natrix, der hier recht häufigen Ringelnatter, und von Coluber Aesculapii, der eigentlich Südeuropa angehörigen, aber bei Schlangenbad nicht seltenen Aesculapschlange, welche von den Römern nach jenem nach ihr benannten Bad gebracht worden sein soll.

50) Derselbe zeigte am 13. October 1879 2 lebende Exemplare von Tropidonotus tesselatus vor.

51) Derselbe zeigte am 10. November 1879 einen neuerdings als Spielzeug in den Handel gebrachten Elektrophor vor.

52) Derselbe legte am 8. März 1880 eine Taschenuhr mit **phosphorescirendem Zifferblatte** vor.

53) Herr **Dr. Kessler** legte am 13. Mai 1878 einige Zweige von Quercus pedunculata mit männlichen Blüthenkätzchen vor, an welchen sich die kleinen Gallen von Andricus quadrilineatus befanden, beschrieb diese Gallen und knüpfte daran die Bemerkung, dass auf den Eichen in Norddeutschland allein bis jetzt 48 verschiedene Gallwespenarten beobachtet worden wären.

54) Derselbe hielt am 13. Januar 1879 einen Vortrag über **Entdeckungen an einigen gallenbildenden Aphidenarten.** Der Vortragende führte zunächst die bisher von den Entomologen als feststehend angenommenen Ansichten über die Fortpflanzung der Aphiden im Allgemeinen an. Danach gibt es Gattungen, welche sich allein durch Eierlegen, andere durch Gebären von lebendigen Jungen und

wieder andere auf beiderlei Weise fortpflanzen. Diese letztere Fortpflanzungsweise besprach er speciell und bemerkte dann, dass von auswärtigen, d. h. nicht deutschen Entomologen Beobachtungsresultate vorlägen, welche mit bisher allgemein angenommenen Ansichten über die Fortpflanzung im Widerspruch ständen. Dahin gehört z. B. die mehrseitig gemachte Beobachtung, dass die geflügelten Thiere der Aphiden nicht geschlechtlich getrennt, nicht die vollendetste Form in der Entwicklung seien, d. h. dass mit diesen Thieren und deren Eiern und Jungen nicht der Entwicklungskreis für das betreffende Jahr geschlossen sei, sondern dass ungeflügelte, geschlechtlich getrennte Thiere, welche Eier legen, den Abschluss in der Jahresmetamorphose machten. Hierfür führte der Vortragende als Belege die betreffenden Beobachtungen aus Briefen und Broschüren von drei Entomologen an, welche seit dem Erscheinen seiner Abhandlung über die Lebensgeschichte der auf der Ulme lebenden Pflanzenläuse mit ihm in Verbindung getreten sind, nämlich von L. Lichtenstein in Montpellier, J. Monell in St. Louis und Ch. Riley in Washington.

Der Vortragende theilte sodann seine an Tetraneura ulmi während des letzten Sommers gemachten Beobachtungen und Entdeckungen ausführlich mit. Durch dieselben hat er festgestellt, dass diese Pflanzenlausart in ihrem Entwicklungskreis auch zwei geflügelte Formen besitzt, wovon die zweite geschlechtlich getrennte, flügellose Thiere zur Welt bringt, welche keinen Schnabel haben, mithin auch keine Nahrung zu sich nehmen, dagegen die Copula ausführen und dann nach kurzer Lebensdauer sterben und von denen das ♀ nur ein einziges Ei erzeugt, welches nicht abgelegt wird, sondern vom Mutterkörper umschlossen bleibt, so dass das im Frühjahr daraus hervorgehende Thier nicht nur die Eihaut, sondern auch die Körperhaut der Mutter zu durchbrechen hat. Derselbe kann ferner constatiren, dass das geflügelte Thier nicht die vollkommenste Form ist, dass dasselbe vielmehr nur eine geflügelte Larvenform ohne Darm ist, welche die Bestimmung hat, die verschiedenen Orte (Pflanzen) aufzufinden, an welchen die ungeflügelten Larven ihre Nahrung finden. Zur vollständigen Kenntniss der Entwickelungsgeschichte der in Rede stehenden Pflanzenlausart ist nur noch zu ermitteln, an welchen Nährpflanzen die erste geflügelte Form im Juni ihre Jungen absetzt. Diese Lücke hofft Kessler im nächsten Sommer auszufüllen. Gelingt ihm dies, dann wird die neue Theorie von Lichtenstein (Montpellier), dem verdienten Erforscher der Entwicklungsgeschichte der Reblaus, über die Entwickelung der Aphiden durch eine zweite Aphidenart bestätigt. — Zur Erläuterung des Vortrags waren vorgelegt: die Blätter mit Gallen an amerikanischen Gewächsen, ausgeschnittene Rindenstücke von Ulmus campestris mit Eiern, eine Menge geflügelter Thiere der dritten Entwickelungsphase von T. ulmi und mikroskopische Präparate von blossgelegten Eiern und von solchen, welche mit der Körperhaut der Mutter noch umschlossen waren.

55) Derselbe zeigte am 10. März 1879 ein sogenanntes antipodisches Hyacinthenpaar vor; eine Pflanze stand in normaler Weise in einem Blumentopf, eine zweite war, selbstverständlich aus

einer zweiten, verkehrt eingesetzten Zwiebel durch das etwas erweiterte Abzugsloch nach unten gewachsen. Beide Hyacinthen standen in Blüthe.

56) Derselbe machte am 11. August 1879 Mittheilungen über seine an den Puppen von **Coccinella septempunctata** im letzten Entwicklungsstadium und am Käfer selbst während seiner ersten Lebensstunden angestellten Beobachtungen, welche durch die kurze Zeit vorher am hiesigen Orte stattgehabte Verwechselung dieser Puppen mit denen des Coloradokäfers veranlasst worden waren. Hiernach hatten sich die Larven dieses Käfers auf der Oberseite der Kartoffelblätter verpuppt. Die gelbe quer schwarz gestreifte Puppenhülle trägt am hinteren Ende die abgestreifte Larvenhaut, mittelst welcher sie an dem Blatte befestigt ist. — Wenn das Thier die Puppenhaut verlässt, sind die vorher gelb aussehenden Theile derselben wasserhell (also sind dieselben an sich durchsichtig), werden aber bald nachher dunkler; aus der Oeffnung der Haut ragen drei weisse Fäden hervor. Die Flügeldecken des Käfers sind zu dieser Zeit matt weissgelb, von den schwarzen Punkten ist noch nichts zu sehen, Brustschild und Kopf haben dagegen schon jetzt die glänzend schwarze Farbe mit den weissen Zeichnungen. Etwa fünf Minuten lang bleibt das an allen seinen Körpertheilen weiche Thier in einer kleinen Entfernung vor der Puppenhülle ruhig sitzen und sucht dann einen geschützten Ort auf, an welchem es längere Zeit bewegungslos verweilt. Während der ersten halben Stunde geht hier keine sichtliche Veränderung mit ihm vor. Dann aber treten die zarten Flügel unter den Flügeldecken nach und nach heraus, bis sie endlich fast ihrer ganzen Länge und Breite nach sichtbar sind; an den Flügeldecken machen sich dunkele Stellen bemerkbar, in denen man bald die Anfänge der sieben Punkte erkennt. Nach circa zwei Stunden sind diese Punkte vollständig schwarz, die nun ganz trocken gewordenen Flügel ziehen sich langsam unter die jetzt hochgelb aussehenden Decken zurück und nach einer bis zwei weiteren Stunden geht der Käfer seiner Nahrung nach. — Vorgelegte Präparate von Blättern mit Puppen und Puppenhüllen sowie lebende Käfer dienten diesen Mittheilungen als Ausgangspunkte. — Unter den lebenden Käfern waren auch zwei in einem Gläschen allein, welche einen in demselben Gläschen später ausgekrochenen dritten ihres Gleichen aus Mangel an anderer Nahrung als erste Speise aufgezehrt hatten. Die noch vorhandenen Reste der hinteren Körpertheile desselben bezeugten dieses.

57) Derselbe zeigte am 11. August 1879 Puppen der **Ypsiloneule** (Plusia gamma) vor, welche von einem Städtchen im Südosten unserer Provinz dem Vorstand eines anderen hiesigen Vereins überschickt und in gleicher Weise wie die Coccinellenpuppen verdächtigt worden waren.

58) Derselbe legte am 11. August 1879 eine **Lysimachia vulgaris** vor, welche Wurzelausläufer von $2^1/_2$ m Länge getrieben hatte.

59) Derselbe sprach am 11. August 1879 über **Pemphigus bursarius** L., und die von ihm an den Stielen der Pappelblätter verursachten Deformitäten.

60) Derselbe sprach am 13. October 1879 über eine Raupenart, welche ihm ein Kunstgärtner auf Haus Sassendorf bei Soest, in dessen Garten sie massenhaft auf Birnbäumen aufgetreten war, zur Bestimmung zugeschickt hatte. Bei der Untersuchung hatte er in ihr die Afterraupe der Blattwespe Blennocampa aethiops Fbr. erkannt. Er beschrieb die Lebensweise des Thieres und zeigte an einem gerade zur Verpuppung reifen Exemplare, wie sich dasselbe zu diesem Zwecke in die in einem Blumentopfe befindliche Erde eingrub.

61) Derselbe legte am 10. November 1879 ein Stück Habichtswalder Braunkohle vor, welches dicht von kleinen braunen Körnchen durchsetzt war; die Körnchen werden für Sphärosiderit erklärt.

62) Derselbe zeigte vor und besprach am 8. December 1879 ein grosses in einem Staarenkasten angelegtes Hornissennest.

63) Derselbe zeigte den präparirten Federpelz (Halsstück) von Aptenodytes patagonica L. vor.

64) Derselbe hielt am 8. März 1880 einen Vortrag über Aphiden, in welchem er die Resultate seiner während der zwei letzten Jahre angestellten Beobachtungen und Untersuchungen mittheilte. Anknüpfend an den im Januar 1879 von ihm gehaltenen Vortrag besprach er zunächst im Allgemeinen die vier Entwicklungsphasen, in welchen Tetraneura ulmi L. während eines Jahres auftritt, wobei er einzelne Punkte, z. B. den Uebergang des Insekts aus der Puppenform in die des geflügelten Thieres, die im Herbst zuletzt erscheinenden ungeflügelten, geschlechtlich getrennten Thiere, die Eier, welche dieselben hinterlassen, die Entwicklung des Eiinhalts zum vollständigen Thier etc. speciell behandelte. Es wurde dann ferner nachgewiesen, dass nicht nur Tetraneura ulmi. sondern auch T. alba und Schizoneura ulmi L. in einem Jahre zweimal als geflügelte Thiere auftreten und zwar im Juni und August, bezw. September, dass überhaupt in der Metamorphose der beiden Gattungen Tetraneura und Schizoneura eine grosse Uebereinstimmung herrsche, was zu dem Schlusse berechtige, dass vielleicht alle gallenbildenden Aphiden eine gleichartige Verwandlung durchmachten. Schliesslich besprach der Redner noch die von Hartig aufgestellten und bisher fast allgemein angenommenen Gattungs- und Artenmerkmale des Genus Tetraneura, welche jedenfalls einer Correctur bedürften, weil dieselben für die von ihm beobachteten Thiere nicht ausreichend seien. Zur Erläuterung des Vortrags lagen nicht nur in grosser Anzahl die von K. bei seinen Beobachtungen und Untersuchungen angefertigten Präparate der verschiedenen Thierformen und einzelner Körpertheile, sondern auch Abbildungen derselben vor.

65) Herr Museums-Inspector Lenz sprach am 12. August 1878 über Bilder, welche sich in einer Garten-Glaskugel zeigten und sich dadurch von anderen derartigen Bildern unterschieden, dass sie stets von ganz bestimmten Farben umrahmt seien, wozu ihm die Erklärung fehle. Diese Erscheinung wurde auf die Brechungsgesetze des Lichtes zurückgeführt.

66) Herr F. Meyer, Zoologe aus Hamburg, eingeführt als Gast, legte am 8. März 1880 der Gesellschaft eine grosse Reihe selbstgefangener amerikanischer Reptilien vor und verbreitete sich aus-

führlicher über dieselben. Aus der Ordnung der **Schildkröten** wurden vorgezeigt und besprochen: 1. die Mohrenschildkröte (Emys cinerea), 2. die Schlammschildkröte (E. reticulata), 3. die concentrische Schildkröte (E. concentrica), 4. die Schlangenhalsschildkröte (E. nasuta), 5. die Klappschildkröte (Cinosternon pennsylvanicum), 6. die Schnappschildkröte (Chelydra serpentina), 7. die Pfauenaugenschildkröte (Emys marmorea) und 8. die Schmuckschildkröte (Chelydra picola); aus der Ordnung der **Panzerechsen**: 9. der schwarze Jacaré oder das Zwergkrokodil (Alligator minor); aus der Ordnung der **Schuppenochsen**: 10. die Warneidechse (Tejus Ameiva), 11. die Smaragdeidechse (Lacerta smaragdina), 12. die Bergeidechse (Zootoca mexicana) und 13. die Panzerschleiche oder der Scheltopusik (Pseudopus Americanus). Ausser Nr. 7 und 8 waren sämmtliche Thiere lebendig.

67) Herr Kaufmann **Paulus**, als Gast eingeführt, legte am 11. November 1878 eine grosse Anzahl Bälge von australischen Vögeln vor, sowie mehrere Knochen des Moa.

68) Herr **Dr. Rost** hielt am 13. Mai 1878 die erste Hälfte eines Vortrags **über künstliche Erzeugung von Kälte unter Berücksichtigung der neuen Eismaschinen.** Redner sprach zunächst über die Bedeutung der Kälte für industrielle wie für häusliche Zwecke. In ersterer Hinsicht erwähnte er besonders die Bierbrauerei, die bei der Bereitung des Bayrischen Bieres auf eine dem Nullpunkte sehr naheliegende und Monate lang anhaltende Temperatur angewiesen ist, die bis jetzt nur durch Eis hat hergestellt werden können. Um zu zeigen, wie gross der Bedarf einer einzigen Brauerei an Eis sein kann, führte Redner an, dass die Dreher'sche Brauerei in Schwechat bei Wien im Jahre 1868 563058 Centner Eis verbraucht hat und dass der jährliche Consum der Münchener Brauereien auf mindestens 1000000 Centner geschätzt werden muss. Aber ebenso wie für den Bierbrauer ist auch für den Conditor Eis ein nicht zu entbehrendes Hülfsmittel, um niedere Temperaturen zu erzeugen; der Arzt wendet in häufigen Fällen Eis innerlich wie äusserlich an; der Händler mit frischem Fleisch, der Gastwirth kann ohne dieses conservirende Mittel kaum mehr bestehen; im Hauswesen hat sich das Eis, wenigstens in grösseren Städten, wo es dauernd billig zu beziehen ist, eingebürgert, und erscheint dem, der sich daran gewöhnt hat, als unentbehrliches Hülfsmittel zur Conservirung der Speisen und zum Kühlen der Getränke in der heissen Jahreszeit. Die chemische Grossindustrie verwendet Eis bereits mehrfach in grösseren Mengen zum Auskrystallisiren von Salzen, zum Trennen des Paraffins von den Solarölen und zu manchen anderen Zwecken.

Wenn nun auch in unserem Klima der Winter ein für die jetzigen Bedürfnisse hinreichendes Quantum Eis liefert, so wies Redner doch auf die milden Winter 1862/63, 1872/73, theilweise auch 1876/77 hin, um zu zeigen, dass in solchen Fällen das Eis entweder aus kälteren Gegenden zu hohen Preisen bezogen werden oder auf künstlichem Wege dargestellt werden muss.

Allerdings hat sich ein grossartiger Handel mit Eis ausgebildet; so von Nordamerika nach Mittel- und Südamerika, von Norwegen nach

England und Deutschland, ja selbst von den Alpengletschern nach den Rheingegenden und nach Oesterreich; aber in vielen Fällen ist es schon jetzt vortheilhafter, Kälte und Eis auf künstlichem Wege darzustellen. Die Physik lehrt uns drei Vorgänge, die mit Wärmeabsorption verbunden sind: 1) Auflösen eines Salzes in Wasser oder Eis, 2) Verdampfen einer Flüssigkeit, 3) Ausdehnung eines comprimirten Gases auf das ursprüngliche Volumen.

Die durch Auflösen eines Salzes in Wasser oder durch Vermischen mit Eis erzeugten Temperaturerniedrigungen sind abhängig von der latenten Wärme des betreffenden Salzes, von der Wärmecapacität der entstehenden Mischung und für Mischungen eines Salzes mit Schnee oder Eis von dem Gefrierpunkte der entstehenden Lösungen; Kochsalz hat z. B. nur die geringe Auflösungswärme von 20,2 W. E. und bringt deshalb beim Auflösen in Wasser auch bei den günstigsten Mischungsverhältnissen nur eine Temperaturerniedrigung von 2,5 ° C. hervor. Der Gefrierpunkt einer gesättigten Kochsalzlösung liegt aber bei — 21,3 ° C. und stellt man sich durch Vermischen von 100 Theilen Schnee und 33 Theilen Kochsalz eine solche her, so kann man längere Zeit ohne besondere Mühe die Temperatur in der Mischung auf diesem niedrigen Punkte halten. Kochsalz und Eis werden wohl auch ganz allgemein zu Kältemischungen angewandt, da sie mit der niederen Temperatur Billigkeit verbinden.

Durch Salzgemische lassen sich leichter niedere Temperaturgrade erzielen, als durch einfache Salze, da sich Mischungen in weniger Wasser auflösen, als die einzelnen Salze getrennt brauchen. Die Mischungen, die vorgeschlagen sind und wohl auch angewandt werden, haben aber den Nachtheil, dass die Anschaffungskosten zu gross sind und die Lösungen sich nicht wieder gut verwerthen lassen, derartige Mischungen sind z. B. Salmiak und salpetersaures Ammoniak; Salmiak und Salpeter; Glaubersalz und Salzsäure.

Diese Kältemischungen sind aber ohne Ausnahme zu theuer, wo es sich um Erzeugung von Kälte oder Eis im Grossen handelt; dazu lassen sich nur Verdunstungs- oder Expansionskälte anwenden. Die bei dem Verdunsten einer Flüssigkeit zu erzielende Temperaturerniedrigung hängt zuerst ab von der latenten Verdunstungswärme und dann von der Menge Flüssigkeit, die in der Zeiteinheit bei einer bestimmten Temperatur verdunsten kann; es werden deshalb solche Flüssigkeiten am besten zu Verdunstungsmaschinen geeignet sein, die einen möglichst niedrigen Siedepunkt haben, wie Aethylaether (+ 34 ° C), Chloraethyl (+ 12,5 ° C), schweflige Säure (— 10 ° C), Methylaether (— 21 °), Ammoniak (— 33,7°) und Kohlensäure (— 78°). Diese Substanzen sind auch mit Ausnahme der Kohlensäure, die zu viel technische Schwierigkeiten bietet, zu Kältemaschinen verwendet worden und besondere Bedeutung haben von diesen erlangt die Aethereismaschine von Siebe-Harrison, die Schwefligsäuremaschine von Raoul Pictet und hauptsächlich die Ammoniakeismaschine von Fr. Carré. Die allgemeinen Principien einer Verdunstungseismaschine ergeben sich leicht. Man braucht einen Verdunstungsapparat, in dem die Verdunstung möglichst leicht vor sich gehen muss und deshalb bei den meisten Maschinen durch eine Pumpe befördert wird und in dem die erzeugte Kälte zunächst auf eine Kochsalz- oder Glycerinlösung übertragen wird, dann einen Apparat, in dem die Dämpfe durch Comprimiren mittelst einer Druckpumpe und durch gute Abkühlung wieder zu einer Flüssigkeit verdichtet werden, die dann im Kälteerzeuger ihren Kreislauf von neuem beginnt. Für Ammoniak hat Carré diesen Kreislauf in der Weise abgeändert, dass er die im Gefrierapparate enthaltenen Ammoniakdämpfe zuerst wieder vom Wasser absorbiren lässt, sie dann aus der entstandenen Lösung durch Erwärmen austreibt und durch den dabei entstehenden Druck wieder verdichtet. Die Leistungen dieser Ammoniakeismaschine sind bedeutend. Die grössten von Kropf in Nordhausen oder Vaass und Littmann in Halle gebauten Maschinen liefern bis 500 kg Eis in der Stunde und 100 kg Eis stellen sich mit Berechnung aller Unkosten auf nur 40 ₰.

Die Besprechung der Linde'schen Eismaschine und der Windhausen'schen Expansionseismaschine musste wegen der vorgeschrittenen Zeit auf die nächste Sitzung verschoben werden.

69) Derselbe hielt den zweiten Theil seines Vortrages über **künstliche Eiserzeugung** am 9. December 1878. Redner wandte sich zunächst zur Besprechung der von Professor Linde (München) construirten Eismaschine. Dieselbe unterscheidet sich von der früher beschriebenen Carré'schen Maschine dadurch, dass bei ihr das aus dem Gefrierapparat entweichende gasförmige Ammoniak nicht von Wasser absorbirt, sondern unter Anwendung einer starken Compressionspumpe und genügenden Mengen Kühlwassers in den flüssigen Aggregatzustand übergeführt wird und dann seinen Kreislauf von Neuem beginnt. Linde entzieht die zur Verdunstung des flüssigen Ammoniaks nothwendige Wärmemenge einer Chlorcalciumlösung und verwendet dann diese abgekühlte Lösung zum Gefrieren des Wassers. Ein sinnreich construirter Apparat, dessen Beschreibung der Redner gibt und durch Zeichnung an der Tafel veranschaulicht, gibt ein krystallklares Eis. In theoretischer Beziehung sind diese Maschinen rationeller construirt, als die Carré'sche Maschine und nach den mitgetheilten Rentabilitäts-Berechnungen kommen bei den grössten Maschinen und bei einer stündlichen Eisproduction von 1600 kg Eis und bei einem Anschaffungspreis von 60000 Mark **einhundert Kilo Eis auf nur 36 Pfennige.**

Redner wandte sich dann zur Erzeugung niederer Temperaturgrade durch Expansion von zusammengedrückten und abgekühlten Gasen. Wird ein Gas zusammengedrückt, so setzt sich die aufgewandte mechanische Arbeit in Wärme um und erhöht die Temperatur. Atmosphärische Luft erhöht z. B. ihre Temperatur bei einem Zusammendrücken mit einem Druck von 1 Atmosphäre um 145 Grad bei einer Anfangstemperatur von 20 Grad. Lässt man nun ein comprimirtes heisses Gas sich wieder ausdehnen, so setzt sich die Wärme in äussere Arbeit um und es findet Abkühlung statt in dem Maasse wie bei der Compression Temperatursteigerung. Wird dagegen ein comprimirtes Gas erst abgekühlt und lässt man es dann, indem es sich ausdehnt, äussere Arbeit verrichten, so muss es seine Temperatur erniedrigen und es lassen sich auf diese Weise sehr tiefe Temperaturgrade erzeugen. Bei einem Ueberdruck von 0,5 Atmosphäre tritt schon eine Abkühlung auf — 7 Grad, bei 2 Atmosphären auf 28 Grad und bei 3 Atmosphären auf — 56 Grad ein etc. Auf diesen einfachen Thatsachen beruht die Anwendung der Luft zur Kälteerzeugung bezw. Eisbereitung. Die erste Anregung zur Construction derartiger Maschinen ist schon Ende der 40er Jahre gegeben, praktisch brauchbar sind sie dagegen erst 1869 durch den Ingenieur Windhausen in Braunschweig geworden. Der Vortragende beschrieb eine derartige Maschine, die die Luft mit einem Druck von 2 bis 3 Atmosph. comprimirt und sie dann mit einer Temperatur von — 40 Grad bis 50 Grad aus der Maschine entlässt. Diese kalte Luft wird am besten zur Abkühlung von Kellern oder grösseren Räumen benutzt. Zur Fabrikation von Eis muss die Kälte erst auf eine Flüssigkeit übertragen werden, wesshalb diese Maschinen weniger vortheilhaft sind. So theoretisch interessant sie sonst auch sind, so können sie doch mit den übrigen Eismaschinen nicht gut concurriren.

70) Herr Freiherr Dr. **Waitz von Eschen** sprach am 10. März 1879 über **das Vorkommen von Schwefelkies im Thon von Grossalmerode**. Obwohl dieser Thon seiner grossen Reinheit seine Feuerbeständigkeit verdankt, so führt er doch hier und da Beimischungen von Schwefelkies, welche seine Brauchbarkeit erheblich vermindern. Bald tritt derselbe, wie in dem sogenannten Pulverthon, ganz fein eingesprengt auf, bald ziehen sich Schnüre von grösseren und kleineren Schwefelkieskrystallen durch die Thonmassen, bald finden sich wiederum isolirte grössere Knollen. Da diese Beimengungen sich nicht am Grunde des Thonlagers, sondern gerade in den oberen Lagern am häufigsten finden, während ihr specifisches Gewicht (4 bis 5) das doppelte des Thones ist, so können sie nicht eingeschlämmt sein, sondern müssen erst nach Bildung der Tonschichten abgelagert sein. Ihre Entstehung muss dem Umstand zugeschrieben werden, dass eine den Thon durchdringende Lösung von Eisenvitriol, durch organische Substanzen aufgenommen und unter Sauerstoffabschluss das schwefelsaure Eisenoxydul zu Zweifach-Schwefeleisen reducirt wurde. In Folge dieses Gehalts an Eisenvitriollösung bekommen in der That frisch geschnittene Thonstücke anstatt ihrer anfangs grauen Farbe einen gelb-röthlichen Anflug von basischschwefelsaurem Eisenoxyd. Welcher Art die organischen Substanzen waren, die die Schwefelkiesablagerungen bewirkten, hat der Vortragende nie nachweisen können. Sie wurden im Thone abgelagert, als derselbe sich aus Zersetzung des Urgebirges bildete, verfaulten dann und die reducirende Wirkung des in ihnen enthaltenen Kohlenstoffs wurde Ursache der Bildung des Schwefeleisens. Dabei ging die Schwefelsäure folgeweise im SO_2, S_2O_2 über, und endlich das dithionigsaure Eisensalz in zweifach Schwefeleisen.

In Folge dieser Entstehungsweise ist der Schwefelkies ein Wasserkies, den man früher mit Unrecht als ein besonderes Mineral angesehen hat, da das Wasser nur mechanisch beigemengt ist. Während der Kies im Innern strahlig ist, lässt sich an der Aussenseite leicht die

Krystallform des Markasits erkennen. Es wäre von Interesse, die Entstehungsweise dieses Minerals eingehender zu verfolgen.

71) Derselbe machte am 12. Januar 1880 Mittheilungen über **das Vorkommen und die Bildungsweise einer retinithaltigen Braunkohle.** Die fast immer compakten, gleichartigen Massen der Braunkohlenflötze enthalten nur selten Kohlen von anderer Beschaffenheit; am häufigsten noch den holzartigen Lignit, welcher verhältnissmässig häufig in grossen Blöcken das mehr erdige Flötz durchsetzt. Viel seltener zeigen sich Einschlüsse eines Minerals in den Flötzen, die als eine Retinitbraunkohle zu bezeichnen sind. Soweit Redner weiss, findet sich diese Kohle in hiesiger Gegend nur in dem tiefsten der drei im Faulbacherthale bei Grossalmerode abgebauten Steinkohlenflötzen und auch dort nur ganz zerstreut in Knollen von Faust- bis Kopfgrösse. Sie ist heller gefärbt, wie das umgebende Flötz und von sehr geringem specifischem Gewicht. Angezündet brennt sie mit stark russender aromatisch riechender Flamme weiter. Der trockenen Destillation unterworfen, lässt sie einen holzkohlenähnlichen Rückstand zurück, während eine grosse Menge einer photogenartigen Flüssigkeit überdestillirt. In heissem concentrirtem Alkohol löst sie sich zum grössten Theil auf, aus der filtrirten Lösung wird durch starkes Verdünnen mit Wasser eine paraffinartige Masse ausgefällt. Leider kommt die Kohle in so geringer Menge vor, dass von einer technischen Ausbeute nicht die Rede sein kann. Ihre Entstehung wird die retinithaltige Kohle sehr harzreichem Holze oder noch wahrscheinlicher sehr harzreichen Früchten verdanken, deren hoher Harzgehalt das Eindringen von Kohlensäure und Sauerstoff enthaltendem Wasser vermehrte und dadurch die stärkere Verkohlung verhinderte. In der That ist die Asche der retinithaltigen Kohle im Gegensatz zu derjenigen der umgebenden Braunkohle weiss und leicht, wie Holzasche, und zeigt die Kohle auch noch deutlich die Pflanzenstructur.

Abhandlungen.

meiner Beobachtungen zusammenstelle, zu verschaffen Gelegenheit hatte, kennt nur das „ungeflügelte Weibchen, das geflügelte Weibchen und die Nymphen". Ich finde, dass seine kurze Beschreibung dieser Tierformen und der Galle in den von ihm angegebenen Merkmalen im Ganzen mit meiner Beschreibung übereinstimmt, auch ist dies der Fall mit den Unterscheidungsmerkmalen zwischen P. bursarius und P. spirothecae. Am Schlusse seiner Beschreibung sagt er, dass er die Knospen und Aestchen von Populus auf das sorgfältigste durchsucht, nie aber ein Ei weder dieser noch der verwandten Arten gefunden habe, deshalb sei es nicht leicht zu sagen, wie im Laufe des Jahres die Fortpflanzung vor sich gehe. Aber er hege die gegründete Vermutung, dass wenigstens diese Art überwintere, denn beim Eintritt des Winters, lange nach Abfall der Blätter, finde man die Gallen noch voller Leben und Saft, voll von teils ungeflügelten Nymphen. — Auch ich kam bei meinen Beobachtungen im Herbst 1879 zu dieser Vermutung und stellte deshalb Versuche zur Bestätigung derselben an. Ich vermutete nämlich, dass die Tiere in den Gallen derjenigen Blätter, welche während des Winters eine mehr oder weniger gegen den Frost geschützte Lage haben, z. B. unter Gras oder unter einer dicken Schicht anderer Blätter, am Leben bleiben würden. Deshalb sammelte ich am 3., 7., 11., 13. und 17. November Blätter mit Gallen, in denen noch lebende Tiere waren, band dieselben jedesmal zusammen, umhüllte sie mit anderen grösseren Blättern und legte diese Bündel auf Rasen, welchen ich in grosse, halb mit Erde gefüllte Blumentöpfe gebracht hatte. Diese Töpfe stellte ich an einen luftigen und frostfreien Ort und sorgte durch mässiges Feuchthalten des Rasens und jeweiliges Bebrausen der Bündel mit Wasser dafür, der Umgebung der Gallen denjenigen Feuchtigkeitsgrad zu erhalten, welchen sie gehabt hätten, wenn sie im Freien geblieben wären. Als ich später jedoch nachsah, fand ich indess, dass die Tiere teils die Gallen verlassen hatten, teils auch tot waren. Ende December waren die Gallen mit ihrem Inhalt teils vertrocknet, teils verfault, in anderen, nur teilweise verdorbenen, die Tiere aber todt. Dagegen fand ich am 7. Januar 1880 noch zwei gut erhaltene Gallen im Freien, worin die Tiere zwar noch lebten, aber überaus matt waren. Ein Versuch, sie am Leben zu erhalten, misslang auch. — Diese Versuche erschütterten schon meine Vermutung, dass die Tiere in den Gallen überwinterten, ganz bedeutend; meine Beobachtungen im Sommer und Herbst 1880 haben denn auch, wie vorstehend nachgewiesen, ergeben, dass die Tiere nicht überwintern, dass vielmehr das im Frühjahr die Galle bewirkende Tier einem überwinterten Ei entschlüpft.

Die Galle.

Im Frühjahr setzt sich das Tier nicht weit vom Grunde der noch zusammengeklappten und eben aus der Knospe hervortretenden Blattfläche am Blattstiel fest und bewirkt durch seinen Stich, dass sich die Blattfläche nach unten senkt und zwar so lange, bis sie fast am Blattstiele anliegt, so dass dieser an seinem oberen Ende zusammengeknickt erscheint (Fig. 1). Mit dieser Herabbiegung der Blattfläche ist aber auch schon eine Drehung derselben nach der einen Seite hin verbunden. Während der Fortdauer dieser Drehung erhebt sich dann die Blattfläche wieder, aber so, dass die beiden Blattstielteile am Biegungspunkt fast bis zur Berührung genähert bleiben (zweiter Zweig in Fig. 1). Gleichzeitig wendet sich dabei die Blattfläche in der Art, dass die Oberblattseite, welche anfänglich dem Auge zugekehrt war (vorausgesetzt, dass man das Blatt immer von derselben Stelle aus beobachtet), bei der halben Drehung nach hinten zu liegen kommt, und man dann die Unterblattseite sieht. Diese Drehung geht so lange fort, bis die Blattspitze und der Anfangspunkt des Blattstiels wieder die Endpunkte einer graden Linie bilden, d. h. bis eine ganze Drehung stattgefunden hat, wozu 8 bis 10 Tage Zeit erforderlich sind. Alsdann liegt die Blattoberseite wieder vorn. Das Tier bleibt während dieser Drehungs- und Wendezeit an seiner ursprünglichen Stelle, welche jetzt das untere Ende des Schraubenganges am Blattstiel bildet, saugend sitzen (man kann es von aussen so lange sehen, bis $^3/_4$ des Schraubenganges vollendet sind), dann wuchert an beiden Seiten des afficirten Blattstielteiles das Zellgewebe in die Breite und liefert damit das eigentliche Material zur Galle. Je rascher diese Wucherung vor sich geht, desto mehr nimmt die Galle an Umfang zu. Dieselbe scheint, wenn sie ausgebildet ist, von aussen gesehen, aus zwei Windungen zu bestehen (Fig. 2a). Dem ist aber nicht so, es ist vielmehr nur eine Windung vorhanden. Die Täuschung wird dadurch veranlasst, dass die eine der beiden scheinbaren Schraubenvertiefungen durch die Gefässbündel des Stiels, die andere durch die an einander liegenden Ränder der erwähnten seitlichen Zellenwucherung gebildet wird. Diese Ränder verwachsen nie miteinander. Man kann daher die Galle zu jeder Zeit aufwinden. Am besten gelingt dies, wenn man sie vorher etwas welk werden lässt. Im frischen Zustande bricht das Gewebe; die getrennten Teile, eigenen Hand ein und beyzuschreiben", da man es ihm keinen Dank hätte wissen können, „wenn er sie öffentlich gemein mache, daher er solche auch nur einigen Häuptern von Europa eigentlich zu widmen hätte", eine Methode, die Leibnizens Beifall fand. Haas starb im Januar 1697. In seinen Briefen unterschreibt er sich immer Haes, wohl aber nur deshalb, weil dieselben französisch geschrieben sind, wie sich auch Huygens in seinen französischen Briefen stets Hugens unterschrieben hat *).

Was nun den Brief selbst anlangt, so ist er die Antwort auf eine Zuschrift, die Haas am 22. Januar 1695 an Leibniz geschickt hatte und worin er ihm mittheilt, dass, „si les affaires de la guerre nî mettent pas de l'obstacle S. A. S. (Son Altesse Sérénissime) établira un College de curieux." Haas war, wie aus demselben Brief hervorgeht, beauftragt, mit Papin wegen seines Eintrittes in das Collège zu verhandeln. Doch scheint der Gedanken über dieses erste Stadium nicht hinausgekommen zu sein, wenigstens sind, wie aus Papins Briefwechsel mit Leibniz hervorgeht, nicht einmal diese Unterhandlungen geführt. Die Correspondenz mit Haas und mit ihr der in Rede stehende Brief findet sich auf der königlichen Bibliothek in Hannover. Der Brief ist in einer von einem Schreiber angefertigten Reinschrift vorhanden, und den Gewohnheiten Leibnizens nach ist dies ein Beweis, dass er denselben für wichtig hielt und, was auch aus der Nachschrift hervorgeht, die sich auf einem besondern Blatt, auch von der Hand eines Schreibers herrührend, aber mit Correcturen von Leibniz versehen findet, dass er wünschte, sein Brief möge dem Landgrafen vorgelegt werden.

Was die am Ende des Briefes erwähnte Rechenmaschine anlangt, so hat Leibniz bekanntlich an derselben fast sein ganzes Leben gearbeitet. Es ist aber nur das eine Exemplar, von dem er redet, fertig geworden. Dasselbe ist noch vorhanden und befindet sich seit Kurzem wieder in der königlichen öffentlichen Bibliothek zu Hannover, nachdem es fast 100 Jahre in Göttingen gewesen ist, wohin es einer nöthigen Reparatur wegen an Kästner geschickt, aber vergessen worden war, bis es vor Kurzem von Professor Listing wiedergefunden wurde.

In dem Postscriptum ist ein Passus, welcher Papin betrifft, als andern Veröffentlichungen vorbehalten, unterdrückt.

Der Wortlaut des Briefes, in dem Leibnizens Orthographie mit allen Inconsequenzen und Fehlern beibehalten ist, ist nun der folgende:

Hanover 24 Fevrier 1695.

Monsieur

La raison, qui ma fait differer ma reponse, a esté outre la foire de Bronswic, ou j'ay coustume d'aller, le dessein de vous

---

*) Leibnizens mathematische Schriften, herausgeg. von Gerhardt. Berlin 1850. 1. Abth. II. Bd. p. 3.

écrire avec quelque étendue sur le genereux projet de S. A. S. vostre Maitre (que vous m'annoncés) de former un jour une Assemblée ou Academie *) des curieux. j'ay consideré bien souvent, qu'une infinité de choses importantes qui pourroient servir à perfectionner l'esprit humain, à connoistre la nature, et à trouver les commodités de la vie, et des soulagemens à des maux que les Grands ne ressentent pas moins que les petits, manquent d'estre trouvées et mises en usage, parce que les particuliers, quand ils auroient le zele et les lumieres, n'ont pas les moyens et les occasions d'executer leur bons desseins, et les grands princes, qui ont le goust pour le solide, au delà du tracas ordinaire des affaires, et qui peuvent le plus contribuer à l'avancement des connoissances du genre humain, sont rares. il n'y en a pas beaucoup, comme je crois, qui soyent du genie de Monseigneur le Landgrave, et lorsqu'il y a un Prince de son humeur, on ne sçauroit luy souhaitter assez de vie et de prosperité, puisque la sienne peut faire non seulement celle de ses peuples, mais étendre encor son effect glorieux bien au delà, d'autant que tout le genre humain profite des decouvertes, qu'on doit à sa protection **).

La Societé Royale d'Angleterre porte un nom glorieux avec justice et il y a tousjours eu des grands hommes, mais le feu Roy ***) qui en devoit estre le protecteur. ne s'en soucioit gueres, et les beaux desseins se sont fort refroidis. l'Academie Royale des sciences de Paris a souffert des Eclipses, qui l'ont empeché jusqu'icy de nous donner tout ce qu'on pouvoit attendre d'elle; l'Academia del Cimento de Florence, outre qu'elle a manqué bientost de son appuy par la mort du feu grand Duc †), ne s'est attachée qu'aux menues experiences.

Je croy qu'on pourroit aller bien au de là, et avec peu de frais par un bon ordre et par un choix exquis des recherches. Et l'Allemagne y est propre sur tout, qui a tousjours fourni aux autres pays les plus considerables découvertes dans la nature et dans les arts. je suis persuadé, que si on s'y prenoit comme il faut, nous ferions en dix ans des choses plus importantes pour accroistre le tresor de nos connoissances, qu'on ne fera sans cela en quelques siecles. Comme j'ay souvent medité sur ces matieres, et peut estre autant que quique ce soit, je vous transcriray icy les paroles que j'ay mises dans un écrit fait exprés.

---

*) Leibniz hatte die Academie der Wissenschaften in Berlin Societät der Wissenschaften genannt, „weil in Deutschland häufig Academie und Universität gleich genommen würde". Guhrauer, G. W. Freiherr von Leibnitz. Breslau. II. Theil p. 191.
**) Leibniz stand damals schon seit einigen Jahren in eifrigem Briefwechsel mit Papin.
***) der 1688 verstorbene Jacob II.
†) der 1670 verstorbene Ferdinand II. Die Academie wurde übrigens bereits 1667 aufgelöst, als der Bruder des Grossherzogs Leopold von Medici die Cardinalswürde erhielt.

Le moyen le plus grand et le plus efficace de parvenir à toutes ces choses, et d'augmenter le bonheur general des hommes en les éclairant, en les tournant au bien, et en les exemtant des ses incommodités facheuses autant qu'il est faisable, seroit de pouvoir persuader aux grands Princes, et aux principaux Ministres, de faire ses efforts extraordinaires pour procurer de si grands biens, et faire jouir nos temps des avantages, qui sans cela ne seront reservés qu'à la posterité assez eloignée. Et il est constant, qu'outre la gloire immortelle, ils en retireroient des utilités immenses, et travailleroient mêmes à leur propre perfection et satisfaction. Car rien n'est plus digne des grandes ames, que la connoissance et l'execution de ce qui fait le bonheur des hommes, et découvre les grandeurs de Dieu, qui nous donnent de l'admiration et de l'amour pour luy. Mais outre cela, les grands, par ces moyens, auroient des sujets plus vertueux et plus propres à les bien servir; et les personnes de loisir et de moyens au lieu de s'occuper à des bagatelles, à des plaisirs criminels ou ruineux et à des cabales, trouveroient leur satisfaction, a estre curieux et ce qu'on appelle virtuose. Et les Grands mêmes, et leur Enfans et proches, seroient souvent sauvés dans les maladies dangereuses et delivrés de plusieurs maux qui nous paroissent maintenant invincibles, à cause du peu d'application, qu'on fait paroistre encor pour l'avancement de la Medecine et de la Physique d'usage. Enfin, si les Grands contribuoient, autant qu'ils peuvent, à l'augmentation des connoissances, et de veritables avantages du genre humain, les Arts de paix et de guerre fleuriroient merveilleusement dans leur estats tant pour mieux resister aux ennemis, par mer et par terre, que pour cultiver et peupler le pais, par la navigation, le commerce, les manufactures, et la bonne police ou oeconomie. Outre les missions et colonies, propres à porter la pieté, la raison, et la vertu, parmy les barbares et les infideles.

Je crois, Monsieur, de vous avoir parlé de vive voix, de quelques pensées que j'ay pour perfectionner l'art d'inventer*), qu'est l'art des arts. Une partie que j'en ay fait paroistre publiquement a esté applaudie des plus grands Mathematiciens du temps, après qu'ils en ont reconnu les effects. Pour ce qui est de ma Machine Arithmetique telle que je l'ay déjà; on y peut calculer des nombres dont le produit ne passe pas douze chiffres (: il es vray qu'on la peut étendre fort aisément à des plus grands). En multipliant par exemple 654321 par 99999, apres avoir mis les nombres donnés dans la machine, par le moyen des index, comme on met les montres sur l'heure, il ne faut faire que cinq tours de roue, et tout le produit de cette multiplication paroist à travers de certains trous, sans qu'il faille faire des additions ou autres operations à part. Et pour les divisions, pourveu que le nombre qui doit estre divisé ne passe pas les douze chiffres, c'est la même

---

*) Guhrauer I. p. 173.

chose. Et ce qu'il y a encor de considerable c'est que les quotients de la division se determinent eux mêmes sans qu'il faille tâtonner. Celle que je fais faire maintenant sera encor plus parfaite que la premiere, quoyque cette premiere fasse déja tout son effect. je n'en puis faire faire encor que pour moy. Mais quand je n'y auray plus rien à faire, le tout sera principalement pour des princes, et je n'ay rien, qui ne soit absolument devoué à un Prince aussi grand et aussi eclairé que le vostre.

Si je puis contribuer par des petits avis, aux beaux desseins qu'il a formés, je le feray de bon coeur, et d'une maniere tout a fait desinteressée. Et si vous voulés me faire l'honneur de faire connoistre ma devotion à S. A. S. vous pouvés adjouter et asseurer que c'est absolument sans rien pretendre, par ce que je me trouverois assez heureux, si mes souhaits de contribuer au bien general, pouvoient estre accomplis. Au reste je suis avec zele
Monsieur

<table>
<tr><td></td><td>vostre tres humble et tres</td></tr>
<tr><td>A Monsieur</td><td>obeissant serviteur</td></tr>
<tr><td>Monsieur Haes secretaire</td><td>Leibniz.</td></tr>
<tr><td>des commandemens de S. A. S.</td><td></td></tr>
<tr><td>Cassel.</td><td></td></tr>
</table>

p. s.

Il y a long tems que j'ay souhaité que quelque Prince pensât à l'avancement des sciences et arts d'une maniere serieuse. Ainsi vous ne me pourres mander une plus agreable nouvelle que celle du beau dessein de S. A. S. vostre Maistre et je n'ay pu m'empecher d'ecrire la lettre cy jointe, dont vous pourres faire rapport et meme la monstrer à S. A. S. si vous le jugés à propos. Mais je vous asseure en homme d'honneur, que ie n'y ay pas le moindre dessein interessé c'est seulement par une penchant invincible que j'ay à contribuer à l'accroissement de nos connoissances. Car je m'etonne souvent de la negligence des hommes qui les fait perdre les avantages que dieu et la nature leur ont donnés.

Cependant je crois aisement que l'execution de le dessein tardera encor un peu: Car j'avoue que le temps de guerre n'y est pas des plus favorables mais quand je considere aussi qu'elle pourra encor durer quelque temps selon les apparences je ne sçay si les praedestinations sont de saison peut estre qu'on pourroit trouver des moyens, ou la curiosité se payeroit elle meme, et meme avec usure, dont je pourrois parler plus amplement une autre fois. Cependant je prie dieu qu'il conserve long temps un prince si bien intentionné et luy donne tout le contentement qu'il faut pour avoir la liberte d'Esprit necessaire à songer aux belles choses.

. . . .
Je suis bien aise d'aprendre que l'ouvrage de M. Papin va paroistre *). j'espere d'y apprendre beaucoup cependant je trouve

---

*) Recueil de diverses Pieces touchant quelques nouvelles Machines, Cassel 1695 ist gemeint.

qu'on a raison de garder certaines choses et de ne les donner qu'en manuscript. Car souvent aussitost quelles sont publiées elles sont pour ainsi dire prostituees outre qu'elles servent aussi bien pour les ennemis que pour les amis c'est pour quoy vostre methode d'avoir presenté à S. A. S. de certains manuscripts, sur des matieres de consequence, me paroist fort bonne.

Chez nous la curiosité est entre moment refroidie, ou plus tost, elle n'a jamais este fort grande depuis plusieurs années, j'excepte les recherches de l'Histoire de la maison et de ce qui y peut avoir rapport.

Diesen Brief beantwortete Haes am 18. März. Ich setze nur den Theil des Antwortschreibens hierher, welcher sich auf die zu gründende Academie bezieht:

Je Vous écris presentement à la hâte avec beaucoup de brèveté et pour Vous dire seulement que J'ay prîs l'occasion de montrer a S. A. S. la lettre qui Vous m'aves fait l'honneur de m'écrire au sujet de son beau dessein, sur quoi elle m'a ordonne de Vous manquer sa reconnoissance par toutes vos bontes et la confience qu'Elle met en vôtre capacité qui fera qu'Elle trouvera bon de Vous consulter de fois à autre dans les affaires d'une difficulté ou d'une curiosité particulière . . . .

Obwohl, wie die Correspondenz zwischen Leibniz und Papin ergiebt, der Landgraf seine Idee mehrere Jahre hindurch festhielt, so ist sie doch niemals zur Ausführung gekommen. Landgraf Friedrich II. nahm, wie manchen andern, so auch diesen Gedanken seines Vorfahren, wenn auch in veränderter Form wieder auf, indem er 1777 die Société des Antiquités stiftete.

Neue Beobachtungen und Entdeckungen
an den auf Ulmus campestris L. vorkommenden
Aphiden-Arten

von

Dr. Hermann Friedrich Kessler.

Mit 2 Tafeln Abbildungen.

Die auf *Ulmus campestris L.* vorkommenden Aphiden-Arten bewirken im Frühjahr als flügellose Thiere auf den Blättern Missbildungen (Gallen), worin sie ungeflügelte Junge zur Welt bringen, welche im Juni, bezw. Juli im geflügelten Zustande die Gallen verlassen und dann ebenfalls ungeflügelte Thiere zeugen. Wohin diese letzteren abgesetzt werden und was aus denselben wird, ob sie es sind, welche überwintern und dann im Frühjahr wieder erscheinen, das ist bis jetzt unbekannt geblieben. In meiner Abhandlung „Die Lebensgeschichte der auf *Ulmus campestris L.* vorkommenden Aphiden-Arten etc." *) habe ich nun zwar nachgewiesen, dass die Gallenerzeuger im Frühjahr aus den Rindenrissen der Ulmen hervorkommen, auch auf S. 7 gesagt, dass diese mit den im Sommer geborenen Thieren identisch seien, und zwar gegründet auf Vergleichungen, welche ich im Sommer 1877 mit eben geborenen, also lebendigen, und solchen, welche ich im Mai in Canadabalsam gebracht hatte, also todten, anstellte. Meine hierbei allerdings nicht ohne Bedenken gezogene Schlussfolgerung, dass, weil beide Thierformen im Allgemeinen in der Körperbildung übereinstimmten, auch darum identisch sein müssten, und dass die im Sommer geborenen in den Rindenrissen überwinterten und im Frühjahr den Fortpflanzungsprocess wieder von Neuem anfingen, war indess eine irrthümliche. Ich hatte von diesem Irrthum, abgesehen davon, dass eine Vergleichung von lebendigen und todten Thierchen von so zarter und weicher Beschaffenheit wie diese, nicht zu einem sichern Resultate führen kann, auch damals schon eine dunkle Ahnung. Ich konnte nämlich die beiden Erschei-

---

*) Jahresbericht des Vereins für Naturkunde in Cassel, 1878, und Verlag von Th. Kay in Cassel.

nungen, wonach die Thiere einerseits von ihrem Auftreten an, im April. bezw. Mai, bis zur Vollendung ihrer Entwickelung, d. h. bis zur geflügelten Form, nur zwei Monate Zeit nöthig haben, und dass dann andererseits für die ungeflügelten Jungen derselben 9 bis 10 Monate bis zu deren Zeugungsreife erforderlich sein sollten, nicht in Einklang bringen. Zwei Monate Zeit der Thätigkeit für die Fortpflanzung und zehn Monate Zeit der Ruhe oder der Vorbereitung für den Aufbau eines so zarten und einfachen Körperorganismus wie der der Aphiden — darin schien mir ein Widerspruch zu liegen. Und doch konnte ich nicht darüber hinauskommen, weil ich damals noch in der bis in die neueste Zeit fast allgemein obwaltenden Annahme befangen war, dass bei allen Insekten das geflügelte Thier die vollendetste Form in deren Metamorphose sei. Ob meine hierbei auftauchende dunkele Ahnung, dass noch eine weitere Entwickelungsphase dieser Aphiden-Arten existire, sich verwirklichen werde, darüber konnte mir nur die Fortsetzung der angefangenen Beobachtungen und Untersuchungen mit der Zeit Gewissheit geben. Nun wurde mir nach dem Erscheinen meiner erwähnten Abhandlung die Ehre und Freude zu Theil, mit einer Anzahl namhafter Entomologen in nähere Beziehung zu kommen. Der Meinungsaustausch mit denselben und insbesondere die neuen Beobachtungen und Entdeckungen an anderen Aphiden-Arten von Lichtenstein (Montpellier), Rilley (Washington), Monell (St. Louis), welche ich aus deren mir freundlichst von denselben zugeschickten Schriften kennen lernte, bestärkten mich in meiner Vermuthung. Ich setzte deshalb meine Beobachtungen und Untersuchungen während der Jahre 1878 und 1879 mit dem bestimmten Ziele fort, die erwähnte Lücke, wenn möglich, auszufüllen, was mir dann auch, wenn auch nur theilweise, gelungen ist. Die Restlücke hoffe ich mit der Zeit auch ausfüllen zu können. — Die gewonnenen Resultate habe ich in dieser Abhandlung niedergelegt, jedoch nicht gesondert, sondern in Verbindung mit denjenigen aus den Jahren 1875 bis 1877, um dadurch eine, soweit dies bis jetzt möglich ist, vollständige Entwickelungsgeschichte der in Rede stehenden Aphiden-Arten, namentlich von *Tetraneura ulmi* L., zu liefern. Zu diesem Zwecke habe ich Manches aus meiner früheren Abhandlung hier noch einmal aufnehmen müssen. Die damals kurz gehaltenen Beschreibungen der einzelnen Thierformen habe ich diesmal ausführlicher gegeben und durch bedeutend vergrösserte Abbildungen veranschaulicht, wovon die meisten nach lebenden Exemplaren, die übrigen nach Präparaten gezeichnet sind.

Tetraneura ulmi L.
Das Urthier.

Das Thier, welches im Frühjahr aus den Rindenrissen von *Ulmus campestris* L. hervortritt (ich nenne es, wegen der verschiedenen Formen. die ihm bis zur Vollendung der Verwandlung im Laufe des Jahres folgen. und weil mit ihm der Entwicklungs-Cyklus beginnt. Urthier) ist ungeflügelt. 1 mm gross. glänzend schwarz. länglich. hinten etwas breiter als vorn und fast abgestutzt. Man bemerkt dasselbe im Frühjahr zu der Zeit. wann die Knospen der Bäume und Sträucher im Anschwellen begriffen sind. an den Zweigen in der Nähe der Knospen in Menge ruhig sitzend, als ob die Thiere die Entfaltung derselben abwarten wollten. Kaum ist der Rand des ersten Blättchens über den Deckschuppen der Knospe sichtbar. so begibt sich eins derselben an die grüne Stelle und beginnt da seine Thätigkeit. Ihm folgen im Laufe der nächsten Tage. während welcher die übrigen Knospenblättchen zu ihrer Entfaltung auch hervortreten. die anderen Bundesgenossen. um sich in die Falten der zarten Blättchen zu drängen und da das geheime Geschäft ihres Vorgängers ebenfalls anzufangen. Worin dies Geschäft besteht. kann man zunächst nicht sehen. Erst dann. wann die Flächen der jungen Blättchen in der Ausbreitung begriffen sind. sieht man an bleichgrünen. röthlichen oder rothen Stellen die Folgen der bisherigen Thätigkeit der Eindringlinge. Je nachdem die Thiere hier längere oder kürzere Zeit gewirkt haben. sind dann die anders als grün gefärbten Stellen an der Blattfläche kleiner oder grösser. Auf der Oberseite dieser Stellen bilden sich zwischen den Seitenrippen nach und nach von allen Seiten her geschlossene Ausstülpungen des Blattgewebes als Wohnort für die Thiere. Diese Ausstülpungen. Gallen. haben je nach der Grösse und Üppigkeit des Blattes selbst verschiedene Grösse und Form. bald sind sie ganz rund. bald länglich rund: vorherrschend ist die Eiform mit einem Höhendurchmesser bis zu 1 cm (Tafel I Figur 1). Die Blätter mancher Bäume sehen dann. wenn sie in hohem Maasse davon befallen sind. aus. als wären sie mit grünen Nüssen besäet. deren Menge manchmal so gross ist. dass durch ihr Gewicht Zweige und Aeste sich nach unten neigen. — Ist die Galle fertig. d. h. vollständig geschlossen. so ist das Thier für immer von der Aussenwelt abgeschlossen. es hat sich mit derselben eine Wohnungs-. Ernährungs-. Fortpflanzungs-. ja auch gleichzeitig seine Grabstätte selbst hergestellt. An seinem Körper sind jetzt schon einige Veränderungen wahrnehmbar. Der Hinterleib ist etwas dicker geworden. nicht mehr abgestutzt. sondern etwas verschmälert auslaufend (Fig. 3); der ganze Körper ist ganz weich geworden. glänzt stark und bleibt leicht an der Nadel hängen. wenn man das Thier aus der Galle nehmen will. Von jetzt ab wächst es rasch und häutet sich innerhalb vierzehn Tagen viermal. Die erste von den vier abgestreiften Häuten. welche man immer in dem untern Theile der Galle findet. ist schwarz (von ihr rührt also die bisherige Farbe des ganzen Thieres her). von den drei nachfolgenden Häuten ist dagegen der Theil des Rumpfes weiss. die Theile vom Kopf. den Fühlern und Beinen aber schwarz. Die zweite abgestreifte Haut findet man stets in der Nähe der ersten, aber etwas mehr nach oben; ebenso liegen die beiden folgenden jede von der vorhergegangenen etwas höher, was sich daraus erklärt, dass die Galle gerade während der Häutungsperiode des Thieres rasch wächst, und dieses sich bis zu der Zeit, in welcher es seine Brut abzusetzen beginnt, stets am oberen Ende der Galle aufhält, mit diesem also gleichsam nach oben geschoben wird. — Jede einzelne Haut liegt nicht etwa unregelmässig zusammengeballt an der Gallenwand, wie dies bei Häuten anderer Larven der Fall ist, nein, man findet sie vielmehr immer auf den Beinen ruhend, so dass man im ersten Augenblick, namentlich bei der ersten schwarzen Haut glaubt, es sässe ein wirkliches Thier da. Vor der Häutung drückt das Thier die Spitze des Tarsus in das zarte Gewebe der Galle, die Körperhaut öffnet sich am Kopf, und aus dieser Oeffnung entschlüpft der frische Körper seiner mit den Fussgliedern befestigten und auf den Beinen ruhenden bisherigen Hülle. Unmittelbar nach jeder Häutung sind Kopf, Fühler, Schnabel und Beine des Thieres selbst wasserhell, färben sich aber alsbald dunkeler, der übrige Körper aber sieht nach der ersten Häutung weisslich grün aus, nach der zweiten rein grün, wie die Galle, wird dann immer dunkeler, so dass er nach der vierten Häutung dunkel grüngrau erscheint. Diese Färbung, sowie die bald eintretende schwarze Farbe des Kopfes und der Extremitäten behält das Thier bei. Die Figuren 4, 5, 6 und 7 veranschaulichen die Grösse des Thieres nach den einzelnen Häutungen. Nach der dritten Häutung sieht man schon die Embryonen im Körper des Thieres, welche nach der vierten Häutung noch deutlicher hervortreten, was in den betreffenden Figuren angedeutet ist. Nach der vierten Häutung ist das Thier etwas über 2 mm lang, fast eben so breit wie dick, also fast kugelig, mit erhabenen Randkanten der Hinterleibsringe. Der Hinterleib bedeckt sich nach und nach mit einem weissen, kurzhaarigen, staubartigen Flaum. Die Anfänge zu diesem Flaum sieht man zuerst an den deutlich markirten Grenzlinien der Leibesringe in Form von weissen Pünktchen. Uebrigens trägt schon der Hinterleibstheil der dritten abgestreiften Körperhaut einen Anflug von Flaum, welcher bei der vierten Haut noch viel deutlicher sichtbar ist. Mithin häuten sich auch die einzelnen Härchen dieses Flaums.

Die Jungen des Urthiers.

Bald nachdem das Thier sich zum letztenmal gehäutet hat, fängt es an, Junge zur Welt zu bringen, die aber in Eiform (Fig. 8) aus dem Mutterkörper hervortreten. Die Anzahl derselben kann, je nachdem ihm die Galle mehr oder weniger Nahrung bietet, bis über 40 steigen. In den Gallen auf üppigen Blättern fand ich immer viel mehr junge Thiere als auf mageren. Das Thier setzt das Zeugungsgeschäft etwa vierzehn Tage lang fort, wobei sein Hinterleib in der letzten Zeit nach und nach einschrumpft, und stirbt dann ab. Den wiederholt von mir beobachteten Zeugungsprocess und die allmähliche Vermehrung der Jungen will ich an einem Beispiel beschreiben: Am 31. Mai öffnete ich eine Galle in der Weise, dass ich den oberen Theil deckelartig durchschnitt. In derselben sah ich das Mutterthier mit seinen vier abgestreiften Häuten und drei Jungen. Ich deckte die Oeffnung wieder zu und legte das Blatt, an welchem die Galle war, auf die feuchte Erde eines Blumentopfes. Nach circa einer Stunde, während welcher Zeit ich andere Gallen untersuchte, sah ich dieselben wieder nach, wobei ich an dem Hinterleib des saugenden Mutterthieres eine Hervorragung bemerkte. Diese Erscheinung war mir neu; ich behielt sie unter der Loupe; die Hervorragung wurde immer grösser, und nach fünf Minuten trennte sich ein ellipsoidisches, ganz glattes Körperchen los. Nach zwei Minuten zeigte sich an der linken Seite des Vordertheils desselben der Anfang eines Fadens, der immer grösser wurde, bis ich endlich darin den linken Fühler des jungen Thieres erkannte. Beim Drehen der Galle bemerkte ich auch den rechten Fühler; einige Minuten später sah ich ferner, wie sich die Beinchen ausstreckten. Das Thierchen fing dann an, eine langsame kreisförmige Bewegung auf derselben Stelle zu machen, der dann bald ein Fortbewegen in gerader Richtung folgte. Die Geburt und die Vorbereitungen zur Ortsveränderung (Abstreifen der Embryohaut) waren vollendet. Das junge, glashelle Thierchen war etwa $^1/_4$ kleiner als die drei anderen seiner Geschwister, von denen das grösste gegen 1 mm messen konnte. Ich deckte die Oeffnung der Galle zu und legte das Blatt wieder auf die feuchte Erde. Nach einer Stunde waren 6, am andern Morgen (1. Juni) 11, am 2. Juni Nachmittags 24 und am 3. Juni 26 Junge und eine Anzahl Häute der erstgeborenen Thiere in der Galle, welche selbstverständlich schon welk geworden und deshalb zur Ernährung der Insassen und Fortsetzung meiner Beobachtungen untauglich geworden war. — Dafür, dass die jungen Thiere bei der Geburt wirklich mit einer Haut umschlossen, nicht etwa mit blos dicht an dem Körper anliegenden Extremitäten, die sie dann nach und nach ausstrecken, zur Welt kommen, will ich aus meinem Tagebuch die am 8. Juni gemachten und alsbald niedergeschriebenen Beobachtungen über diesen Punkt wörtlich hier anführen: „Aus zwei im Gebären begriffenen Mutterthieren nahm ich die Embryonen (in jedem waren noch 14 bis 20). Alle waren in eine wasserhelle, schleimige Flüssigkeit gebettet und bildeten so auf dem Objectträger des Präparirmikroskops ein Klümpchen, bestehend aus eiförmigen Körperchen von verschiedener Grösse. Bei allen grössern konnte ich sofort die einzelnen Körperabschnitte des Thieres erkennen, auch die Ober- und Unterseite des Körpers deutlich unterscheiden: wohl aber gelang es mir bei keinem, wenn ich denselben auf den Rücken legte, die Extremitäten durch einen Gegenstrich mit der flach gehaltenen Nadel von hinten nach vorn, vom Körper abzuheben, die Nadel glitt vielmehr ohne Widerstand über das ganze Gebilde

dick, das dritte Glied ist das längste und nach vorn etwas
verdickt, das vierte etwas kürzer und verschmälert zulaufend
Wenn sich das Tier zum letztenmal gehäutet hat, so ist es
ebenfalls, wie die übrigen Arten, zeugungsreif und beginnt
alsbald mit dem Gebären seiner Jungen in Eiform, deren
Anzahl über 100 beträgt. Bei einem derselben fand ich in
der Galle 70 saugende Junge und noch 34 Embryone im
Leibe desselben. Die eben zur Welt gekommenen Tierchen
(Fig. 10) streifen alsbald die Eihaut ab und sind dann
überall wasserhell, färben sich nach und nach hellgrün und
sind im Puppenzustand dunkelgrün. Bei den jüngsten kann
man nur vier, bei den mittelgrossen aber fünf und bei den
ausgewachsenen sechs Fühlerglieder unterscheiden. Aus dem
dritten und vierten Gliede der jüngsten Tiere bilden sich
nach und nach je zwei Glieder aus. Nach der zweiten
Häutung ist das ursprüngliche dritte Glied schon in zwei
Glieder getrennt und nach der dritten Häutung auch das
ursprünglich vierte, so dass die Nymphenform (Fig. 13) schon
sechsgliederige Fühler hat, deren Bau im Einzelnen mit dem
der geflügelten Tiere übereinstimmt. Der Schnabel reicht
bei den jüngsten bis zwischen das dritte Fusspaar, bei den
ausgewachsenen dagegegen nur bis an das zweite Paar.
Das Wollhaar, womit sich auch diese Tiere nach jeder Häutung umgeben, hat dieselbe Form wie das bei der Altmutter.
— Jedes dieser Tiere verlässt als geflügelte Laus (Fig.
14) die Galle. Der Körper derselben ist 2 mm lang, der
Kopf rein schwarz und glänzend, die Augen sind dunkelbraun.
Der erste Brustring, welcher schmäler, als der Kopf und der
zweite Brustring ist, bildet eine Art Hals und sieht wie der
Hinterleib matt, d. h. nicht glänzend, grünlich schwarz aus;
der Thorax ist dagegen bläulich schwarz und glänzend. Die
beiden Seitenwülste desselben sind eiförmig und dabei nach
aussen etwas abgestutzt. Der vorderste Wulst liegt mit
seiner Spitze in der Form eines gleichschenkeligen spitzwinkeligen Dreiecks zwischen denselben, wo hingegen das
Schildchen sich als ein stumpfwinkelig gleichschenkeliges
Dreieck etwas zwischen dieselben verlängert. — Die Fühler
(Fig. 15) sind sechsgliederig: die zwei ersten Glieder fast
kugelig, gleich gross und glatt, die folgenden dagegen alle
scharf geringelt und cylindrisch. Das dritte ist so lang, als
das vierte und fünfte, welche unter sich gleich lang sind,
zusammengenommen. Das sechste ist etwas länger, als das
fünfte und an beiden Enden etwas verschmälert. Die Flügel
sind gekörnelt. Die zwei ersten Schrägadern im Vorderflügel entspringen am Ende der ersten Hälfte der Unterrand-

ader etwas getrennt von einander; die dritte fängt fast in der Mitte des Flügels, also von der Unterrandader weit entfernt an; die vierte entspringt da aus dem Randmal, wo dieses am breitesten ist, bildet einen kurzen Bogen nach dem Innern des Flügels hin, wendet sich dann dem Oberrand zu und neigt sich schliesslich wieder etwas nach hinten zur Flügelspitze hin. Die Unterrandader im Hinterflügel hat am Ende des ersten Viertels ihrer Länge eine kurze Biegung nach innen, an welcher zwei Schrägadern dicht neben einander entspringen, wovon die erste gebogen und fast quer, die zweite dagegen fast grad und zwar in der Längenrichtung des Flügels verläuft. — Hat sich das Tier aus der engen Öffnung seiner bisherigen Wohnung herausgezwängt, so bleibt es einige Zeit am Rande derselben sitzen, erhebt sich dann in stossweisem Fluge und verschwindet dem Auge. Wo es sich wieder niederlässt, weiss ich nicht. — Diejenigen Tiere, welche in Gläsern, worin ich die Gallen gelegt hatte, ihre Wanderung antreten wollten, versuchten auch hier wiederholt dieses stossweise Wegfliegen, prallten aber jedesmal an der Wand des Glases ab und fielen zu Boden. Sie liefen dann im Glase umher und fingen nach kurzer Zeit an, sich ihrer Brut zu entledigen.

Die Art und Weise der Geburt der Jungen beobachtete ich am 2. Juni folgendermassen: Zwei der erwähnten Tiere fasste ich mit einer Pincette an den Flügeln und brachte sie auf einen Streifen weissen Papieres, den ich vorher mit etwas flüssigem Gummi bestrichen hatte, so, dass sie auf dem Rücken lagen, und drückte die Flügel etwas an, damit die Tiere nicht wegfliegen konnten. Nach fünf Minuten fing das eine schon an, seine Jungen in Eiform abzusetzen. Das Ei kam mit dem hinteren Teile zuerst hervor und so auch auf den Boden, nahm während des Austritts eine stehende Stellung ein, so dass ich die dunkelen Augen des Tieres am oben stehenden Kopfende deutlich sehen konnte. Nach weiteren fünf Minuten wurden die Fühler zuerst sichtbar, dann die Beine und so nach und nach der ganze Körper, bis nach weiteren fünf Minuten der ganze Geburtsakt vollendet war und das Tier anfing sich fortzubewegen. Denselben Vorgang beobachtete ich bei zwei andern geflügelten Tieren. Drei andere gebaren innerhalb einer Stunde 25 Junge, nachher keine mehr. Die Anzahl, welche das einzelne Muttertier zur Welt bringt, ist also nicht gross. Diese Jungen sind, sowie sie die Embryohaut abgestreift haben, (Fig. 16) 0,5 mm lang, nach hinten breiter als vorn. Der Hinterleib ist graugrün, der Vorderkörper mit dem Kopf rein grün, Fühler, Schnabel

Körper, die weisse Farbe verschwand, und damit war die wasserhelle Flügelfläche fertig. Nicht lange nachher hatten auch die Flügel die fast senkrechte, dabei etwas dachige Stellung, in welcher sie die ausgebildeten Thiere beim Gehen und in der Ruhe tragen. Mit der Entfaltung der Vorderflügel hielten die Hinterflügel bei ihrer Ausbreitung gleichen Schritt. Der ganze Process dauerte gegen $^3/_4$ Stunden.

Auf dem Blatte, worauf die Galle sass, in welcher die besprochenen Thiere sich entwickelten, befand sich noch eine zweite, welche ich nicht in meine Untersuchung hineingezogen hatte. Als ich dieselbe am 20. Juni genauer ansah, hatte sich am untern Theil derselben schon der Anfang zu einer Oeffnung zum Ausgang für die reifen Thiere gebildet. Beim Aufschneiden der Galle fand ich eine Menge Thiere in derselben, darunter schon sieben geflügelte. Auch in den noch geschlossenen Gallen auf den übrigen Blättern an dem bisher im Wasser erhaltenen Zweige waren schon geflügelte Thiere. In jeder dieser Gallen war auch noch das Mutterthier lebendig, enthielt aber keine Embryonen mehr. Hieraus folgt, dass die Entwickelung der Thiere in den von mir vor elf Tagen geöffneten mit den in geschlossenen, also ungestört gebliebenen Gallen gleichen Schritt gehalten hatte. Auch fand ich am 21. Juni merkwürdiger Weise im Freien (Aue) die ersten geflügelten Thiere, welche eben die Galle verliessen. — Die jungen Thiere haben mithin vom Tage ihrer Geburt an bis zu ihrer vollständigen Ausbildung, d. h. bis sie geflügelt sind, 11 bis 12 Tage Zeit nöthig; die einzelnen Häutungen derselben folgen in einem Zeitraum von 2 bis 3 Tagen aufeinander; der Häutungsprocess geht gerade so vor sich wie beim Urthier, und findet man die abgestreiften Häute ebenso an der Gallenwand auf den Beinen ruhend wie bei diesem, so lange sie nicht durch Bewegungen der übrigen Gallenbewohner von da weggeschoben werden. Die äusseren Merkmale für den Puppenzustand der jungen Thiere sind schon nach der zweiten Häutung in ihren Anfängen zu erkennen. Alle von dem Urthier gezeugte Jungen in einer Galle nehmen die geflügelte Form an, nicht etwa blos einzelne. Die Veränderungen derselben in Form und Grösse nach jeder Häutung sind an den Figuren 9, 10 und 11 ersichtlich. Eine specielle Beschreibung derselben dürfte überflüssig sein.

Die erste geflügelte Form und ihre Bedeutung.

Das geflügelte Thier (Fig. 12) hat zu der Zeit seiner Flügelentfaltung in der Galle im Ganzen noch eine hellere Färbung, welche aber in kurzer Zeit dunkeler wird. Beim Austritt aus der Galle sieht es folgendermassen aus: Der ganze, gegen 2 mm lange Körper ist sammt den Extremitäten schwarz, nur der etwas gewölbte Hinterleib zieht in's Olivenfarbige. Der Kopf ist, von vorn gesehen, oval und zwar in der Art, dass der Durchmesser desselben von rechts nach links etwas grösser als der von oben nach unten, und der von vorn nach hinten noch kleiner als dieser ist, so dass der Kopf an dem vorn etwas eingeschnürten ersten Brustring scheibenartig ansitzt. Gegen das ganze Bruststück ist er klein zu nennen. Die dunkelbraunen facettirten Augen sind so gross, dass sie von der ganzen Kopfdicke fast die Hälfte einnehmen. Zwischen denselben stehen dicht an jedem einzelnen die sechsgliederigen Fühler (Fig. 13), welche anfänglich fast farblos sind, sich aber nach und nach in's Dunkelgrüne spielend färben. Die beiden Grundglieder sind fast kugelig, das dritte ist so lang als das vierte und fünfte zusammengenommen; das an beiden Enden eingeschnürte vierte Glied ist von allen das kürzeste und beträgt etwa den vierten Theil vom dritten Glied, wogegen das fünfte $^{2}/_{4}$ der Länge vom dritten misst; das sechste, fast ellipsoidische ist etwas länger als das vierte und endigt mit einer zahnartigen Spitze. Die drei mittleren Glieder sind geringelt, die andern glatt. Der Länge nach folgen die vier letzten Glieder so: viertes, sechstes, fünftes, drittes. — Der Schnabel reicht, wenn er am Körper anliegt, bis in die Mitte des zweiten Brustrings. An demselben sind ganz deutlich drei Theile zu unterscheiden, nämlich der dicke längliche Grundtheil, der mittlere lange cylindrische und der spiessartige Endtheil. — Die Oberfläche des tiefschwarzen und glänzenden Thorax ist durch Furchen in drei erhabene wulstige Theile getheilt, wovon der vorderste in der Form eines spitzwinkeligen Dreiecks keilförmig zwischen die beiden seitlichen, welche länger als breit und an der Aussenseite etwas ausgerandet sind, hineinreicht. Das Schildchen ist halbmondförmig und hat in der Mitte nach vorn einen dreieckigen Vorsprung, mit welchem es zwischen den beiden seitlichen Wülsten liegt. Den Erhabenheiten auf dem Thorax liegen auf der Unterseite des Bruststücks vier, ebenfalls stark glänzende, stumpfviereckige Wülste gegenüber. — Von den glashellen Flügeln sind die Vorderflügel wenigstens dreimal so gross als die Hinterflügel. Das Randmal ist fast lanzettlich, die Radialzelle etwas verschoben elliptisch. Die zwei ersten Schrägadern entspringen an der starken Randader dicht neben einander, oft auch in einem Punkte, und divergiren von da an nach dem gegenüberliegenden Flügelrande hin; die erste davon verläuft so, dass sie mit dem vorderen Theil der Randader ein Dreieck bildet, welches fast gleichschenklig ist; die zweite ist noch einmal so lang als die erste und erreicht deshalb (in etwas gebogener Richtung) erst in der hinteren Flügelhälfte den Innenrand. Die dritte einfache Schrägader hat ihren Ursprung nicht in der Längsader, sondern entfernt davon, fast in der Mitte der Flügelbreite. Im Unterflügel ist in der Regel nur eine Schrägader deutlich wahrnehmbar. Nicht selten erkennt man auch eine zweite, etwas vom Rande entfernt entspringende, ganz feine, von der stets deutlich wahrnehmbaren nach dem Flügelursprung hin gelegene; dieselbe ist so fein, dass man sie oft nur und zwar bei besonderen Wendungen des Flügels angedeutet findet.

5

Zu der Zeit, in welcher die ersten dieser geflügelten Thiere die Galle verlassen, besteht die Bevölkerung derselben aus der noch lebenden, aber zusammengeschrumpften Altmutter und ihren Nachkommen von jeder Altersstufe. In den Gallen auf solchen Blättern, welchen es an Nahrungszufluss fehlt, gehen die zuletzt geborenen vor ihrer Reife zu Grunde. Auf den Ulmen in der Aue, welche sämmtlich üppig wachsen, habe ich keinmal eine Galle gefunden, in welcher sich umgekommene Thiere befanden, dagegen war dies an den verkrüppelten Ulmen im Tannenwäldchen sehr oft der Fall. — Die geflügelten Thiere verlassen nach und nach, je nach ihrem Alter, die Galle durch eine am untern Ende derselben entstehende unregelmässige Oeffnung und bringen bald nachher, schon nach vier bis sechs Stunden, wieder lebendige, ungeflügelte Junge zur Welt, jedoch in geringer Zahl, nur höchstens acht bis zehn. Ich habe dies wiederholt auf die Weise beobachtet, dass ich die einzelnen Thiere in dem Moment, wo sie vom Rande der Gallenöffnung aus Anstalt machten, fortzufliegen, jedes mit einer Pincette an den fast senkrecht in die Höhe stehenden Flügel fasste und in ein besonderes Gläschen brachte. Auch treten die Embryone alsbald aus dem Thiere hervor, wenn man es in Canadabalsam bringt. In fast allen Präparaten, welche ich von diesen Thieren gemacht habe, liegt deshalb eine Anzahl derselben unmittelbar am Hinterleib im Balsam und zwar in Eiform. — Die Entwickelungsdauer von dem Zeitpunkt an, wo das Urthier sich in die Blattfalten drängt, bis zu der Zeit, in welcher die ersten geflügelten Nachkommen desselben die Galle verlassen, beträgt circa zwei Monate. Am 24. April sah ich die ersten Thiere an den hervortretenden Blattanfängen der sich öffnenden Knospen, und am 22. Juni verliess schon eine Menge geflügelter Thiere die Galle.

Hat das geflügelte Thier seine Brut alle abgesetzt, so ist auch sein Hinterleib bis an das Bruststück vollständig eingeschrumpft. Meine Untersuchungen dieser Hinterleibsreste sowohl als auch solcher Hinterleiber, welche noch gefüllt waren, haben ergeben, dass keine Spur von Darm oder Geschlechtstheilen darin enthalten ist, auch habe ich nie gesehen, dass diese Thiere Koth absonderten: mithin kann diese Thierform, welche bisher als die alleinige geflügelte des Genus *Tetraneura* galt, nicht die vollendetste in dem Entwickelungskreis desselben sein. Es ist nur eine Zwischenform, welche den Zweck hat, die von ihr abgesetzten, zur weiteren Entwickelung fähigen Thiere auf eine andere Nährpflanze zu tragen, weil die Blätter der bisherigen (Ulme) zur Ernährung der zarten Thierchen nicht mehr saftreich genug sind.

Die Jungen der ersten geflügelten Form

kommen, wie oben schon angedeutet, in Eiform (Fig. 14 a) zur Welt. Die Haut, von welcher sie umschlossen sind, öffnet sich ebenso bald nach oder auch schon während der Geburt, wie dies bei den vom Urthier abgesetzten Jungen der Fall ist. Der Körper derselben (Fig. 14 b) ist kaum 1 mm lang, wird vom Kopf an nach hinten etwas breiter und verschmälert sich dann wieder etwas. Die Farbe desselben ist anfänglich gelbbraun, wird aber nachher ganz grau. Die wasserhellen Extremitäten färben sich ebenfalls nach und nach dunkeler. Die einzelnen Hinterleibsringe sind ganz deutlich von einander geschieden, alle zusammen bilden am Rande eine Art Kante. Auffallend ist die Grösse des Schnabels, welcher in der Ruhe bis an den vorletzten Hinterleibsring reicht, und an welchem man drei Abschnitte ganz deutlich unterscheiden kann, wovon der erste noch länger ist als die beiden folgenden zusammengenommen. Die sechsgliedrigen Fühler sind so lang wie die grösste Breite des Hinterleibs. Sämmtliche Körpertheile sind mit einzelnen starken Haaren besetzt, wodurch das Thier ein eigenthümliches, fast struppiges Aussehen erhält.

In der Einleitung habe ich schon angeführt, dass ich diese Thierform früher für diejenige hielt, welche überwintert und im Frühjahr den Fortpflanzungsprocess von Neuem anfing, dass dies aber ein Irrthum sei. Es ist dies wirklich ein Irrthum, denn im August und September desselben Jahres erscheint eine zweite geflügelte Form von *Tetraneura ulmi L.*, welche sich zu der eben beschriebenen ungeflügelten Form ebenso verhalten muss, wie sich die ersten geflügelten Thiere zu dem im Frühjahr auftretenden Urthier verhalten, und von welcher ich nachweisen werde, dass von ihrer Nachkommenschaft das Urthier herstammt. Der Hergang zur Entdeckung dieser zweiten geflügelten Form ist folgender: Am 9. August 1878 ging ich Nachmittags 4 Uhr in's Tannenwäldchen. Das Thermometer, wonach ich beim Weggehen sah, zeigte 20° R. und die Sonne schien brennend heiss. Als ich in die Nähe der Ulmenstämme kam, sah ich im Sonnenschein, wie Tausende von Insekten auf dieselben zuflogen und sich darauf niederliessen. Ich hielt die Thiere für Mücken. Beim ersten der Ulmenstämme blieb ich stehen und bemerkte an den untern Aesten und deren Zweigen eine Masse von diesen Thieren. Ich ging zu den anderen Ulmen und machte da dieselbe Beobachtung, aber an keinem anderen Baume oder Strauch, zwischen welchen die Ulmen stehen, bemerkte ich ein Thier. Deshalb fasste ich die ganze Erscheinung an einem einzelnen kleinen Ulmenbaum genauer in's Auge. Dabei sah ich dann, dass sämmtliche Thiere von den kleinsten Zweigen an bis zum Stamme, an den Stellen, wohin die Sonne nicht schien (an den Zweigen und Aesten also unten, am Stamme aber an der Nordost-, resp. Ostseite), in einem zusammenhängenden Strome Thier an Thier von oben nach unten hastig wanderten. An den Stellen, wo die Zweige oder kleinen Aeste aus dem Hauptast kommen, also einen Winkel bilden, liess sich eine Menge Thiere nach unten fallen. Durch den Zusammenfluss der kleineren Züge an den Zweigen und Aesten häufte sich die Masse der Thiere am Stamme so, dass sie fingerdick auf einander sitzend, einen breiten Streif bildeten, der weiter nach unten immer breiter und dicker wurde, so dass am unteren Ende der ganze Stamm rund herum mindestens zwei Finger hoch von Thieren bedeckt war. Auf dem Boden am Fusse des Stammes, war die Menge noch grösser; mit einem Griff hob ich hier eine ganze Hand voll lebender Thiere auf. — Weil die Thiere nur allein an den Ulmen waren, so vermuthete ich in denselben eine zweite geflügelte Form von *Tetraneura ulmi*. Um dies festzustellen (ich hatte, weil ich von einer solchen Erscheinung keine Ahnung haben konnte, keine Loupe mitgenommen) schnitt ich einen kleinen mit Thieren besetzten Ast ab, um denselben mit nach Hause zu nehmen. Ich bemerkte jedoch, dass die Thiere ihre einmal angenommene Richtung der Bewegung nicht änderten, sondern sich am abgeschnittenen Ende des Astes ähnlich anhäuften, wie die Bienen vor dem Korbe, wenn sie schwärmen wollen, und wenn die Menge zu gross wurde, zu Boden fielen. Wenn ich keine Vorrichtungen getroffen hätte, wäre ich mit dem leeren Aste nach Hause gekommen. Deshalb umgab ich das Astende dutenartig mit einem Stück Papier, wodurch es mir gelang, eine ansehnliche Menge zu Hause in einem Glase zu sammeln. Eine genauere Untersuchung ergab nun, dass diese Thiere Fig. 23 nicht nur in der Gestalt, Haltung und Bewegung im Allgemeinen, sondern auch im Flügelgeäder und sonstigen Körpermerkmalen mit denjenigen vollständig übereinstimmten, welche im Juni und Juli fliegen. Ich hatte somit e i n e z w e i t e g e f l ü g e l t e F o r m v o n *Tetraneura ulmi L.* e n t d e c k t . — Am anderen Morgen bemerkte ich, dass die Thiere im Glase eine Menge ungeflügelter Junge zur Welt gebracht hatten und zwar zweierlei, eine kleinere mehr schmale und grün aussehende, nach hinten etwas breitere, und eine grössere und dickere, braune Form. Ob diese letztere vielleicht eine ältere, schon einmal gehäutete Form war, konnte ich nicht feststellen. Diejenigen geflügelten Thiere, welche ihre Jungen schon alle abgesetzt hatten, hatten ebenso eingeschrumpfte Hinterleiber, wie dies bei der Frühlingsgeneration der Fall ist. Am 10. August hatte ich nun nichts eiligeres zu thun, als nachzusehen, ob auch in der Aue an den Ulmen dieselbe Erscheinung wahrzunehmen sei; auch hier war dies der Fall. An allen jungen, bezw. kleineren Ulmenbäumen und Sträuchern, welche ich untersuchte, wanderten die geflügelten Thiere von oben nach unten, wenn auch nicht so massenhaft wie im Tannenwäldchen.

Der Umstand, dass die Thiere im Glase Junge geboren hatten, liess mich vermuthen, dass im Freien die Jungen an der Rinde zu finden sein müssten. Auch dieses fand ich am 10. August bestätigt. Es war nun meine Aufgabe, diese bis dahin aus dem Genus *Tetraneura* unbekannten Thiere in ihrem Thun und Treiben, in ihrer Entwickelung weiter zu beobachten. Zu diesem Zwecke schnitt ich einige Rindenstücke ab und nahm sie mit nach Haus. Dieselben waren mit einer Menge noch gebärender oder im Absterben

Tetraneura ulmi L. — Die Jungen der ersten geflügelten Form. 69

begriffener, geflügelter und mit einer weit grösseren Anzahl ungeflügelter Thiere besetzt. Ich legte die Rindenstücke auf nassen Sand in einen flachen Teller, um sie durch die Feuchtigkeit annähernd im natürlichen Zustande zu erhalten. Die ungeflügelten Thiere wanderten nun theils auf der Oberfläche umher, theils sassen sie, und zwar vorzugsweise in den Rindenrissen und schienen da zu saugen. Unter den umherlaufenden bemerkte ich am 12. August zum erstenmal drei grössere, auf welchen je ein kleineres hockte, was in jeder Stellung des ersteren auf demselben hängen blieb, eine Beobachtung, welche ich von da an noch oft gemacht habe. Indess wurde die Anzahl der Thiere auf den Rindenstücken immer kleiner; am 14. August, also nach 4 Tagen waren dieselben an einem Rindenstück sogar schon alle verschwunden. Ich konnte mir dies um so weniger erklären, als ich, veranlasst durch das allmählige Verschwinden, wiederholt an den Rindenstücken nachsah, ob die Thiere ihren bisherigen Aufenthaltsort verliessen und sich dann anderswohin begeben würden; aber keins derselben ging, wenn es an den Rand kam, über denselben hinaus, sondern kehrte wieder um. Auch an frisch geschnittenen Stücken machte ich diese letztere Beobachtung. Ich untersuchte deshalb eins derselben genauer unter der Loupe. Da bemerkte ich dann, dass die Thiere in Menge theils am Rande, theils in den Rindenrissen selbst sassen und todt waren. Hier und da lagen zwischen denselben auch braungelbe Körperchen, welche Eigestalt hatten. Dieselben Beobachtungen machte ich nun auch nicht nur bei der Untersuchung der übrigen Rindenstücke an diesen, sondern auch an der Rinde der Ulmenstämme im Freien selbst.

Von den noch lebenden Thieren untersuchte ich eine Anzahl auf den Schnabel, keines derselben war aber mit einem solchen versehen; die oben erwähnten ruhig sitzenden konnten mithin nicht, wie ich anfänglich vermuthete, an der Rinde saugen. Das Hocken der kleineren Thiere auf den grösseren war nichts anderes als der Begattungsprozess der mithin geschlechtlich getrennten Thiere und die braungelben Körperchen stellten sich bei genauer Untersuchung als wirkliche Eier heraus. Zum Beleg für diese beiden letzten Punkte will ich noch ein Beispiel aus meinem Tagebuch vom 2. September anführen. „An einem gestern aus dem Tannenwäldchen mitgebrachten Rindenausschnitt fand ich am Rande eines Risses ein todtes starkes weibliches Thier und zwei, noch munter umher laufende männliche. Eins derselben näherte sich dem weiblichen, setzte sich auf dasselbe, als wolle es zur Begattung schreiten, blieb in dieser Stellung einige Secunden lang, bewegte sich dann zur einen Seite des Körpers, dann zur anderen, stieg wieder ab und versuchte unter der todten Körper zu kommen, was ihm auch gelang. Hierdurch wurde das todte Thier etwas in die Höhe gehoben und nach einiger Zeit sogar etwas vom Platze zur Seite geschoben. Dann unterbrach das Männchen seine Thätigkeit, lief weiter, kehrte aber bald wieder zurück und wiederholte dieselbe

Manöver. Dass zweite Männchen näherte sich auch einmal dem weiblichen Thier, kehrte aber sofort um, als wolle es das erste nicht stören. Ich sah diesem Treiben über $^1/_4$ Stunde lang zu, musste dann aber wegen der Sedanfeier abbrechen. Erst gegen Abend konnte ich wieder nachsehen. Das weibliche Thier hatte eine andere Lage bekommen, und die beiden Männchen waren verschwunden. Am andern Morgen untersuchte ich das weibliche Thier auf seinen Körperinhalt. Zu diesem Zwecke legte ich dasselbe auf ein weisses Blatt Papier, drückte mit einer stärkeren Nadel den Vordertheil des Körpers fest auf, und mit einer feineren Nadel versuchte ich vorsichtig den Hinterleib zu öffnen, was mir auch gelang; dann strich ich drückend mit derselben den Körper von der Kopfseite her nach hinten, und siehe, — ein braungelbes Ei trat hervor; die Körperhaut mit einer braunen Flüssigkeit hatte ich unter der stärkeren Nadel." Dass die beiden Thierformen wirklich getrennten Geschlechts seien, darüber war ich nun ausser Zweifel. Durch meine Beobachtung bis zum Anfang September 1878 konnte ich also feststellen, dass *Tetraneura ulmi L.* zum zweitenmal in ein und demselben Jahre als geflügeltes Thier auftritt, welches geschlechtlich getrennte Thiere zeugt, die sich begatten und Eier hinterlassen. Diesen Eiern widmete ich nun von da an meine besondere Aufmerksamkeit. Hierbei fand ich denn bald, dass das weibliche Thier nur ein einziges Ei in sich birgt, was es indess gar nicht ablegt. Nach stattgehabter Begattung begibt sich das Thier vielmehr, je nachdem die Rinde des Stammes beschaffen ist, ob tiefrissig oder nicht, oder je nachdem bei der grossen Menge der Thiere für das einzelne Platz übrig bleibt, in oder an einen Rindenriss, bleibt da sitzen und stirbt nach und nach ab, so dass das Ei vom Mutterkörper umschlossen bleibt und so überwintert. Auch hierzu führe ich noch ein Beobachtungsbeispiel aus meinem Tagebuch an: „Von einem am 23. September aus dem Tannenwäldchen mitgebrachten Rindenausschnitt, welcher 6 cm lang und 2 cm breit war, löste ich dadurch die Eier ab, dass ich über einem Blatt Papier denselben auf der Innenseite mit einem kleinen Hammer prallend wiederholt anschlug, wodurch 12 Stück auf das Papier niederfielen. Dann knickte ich das Rindenstück je nach den einzelnen Rissen ein und wiederholte das Anklopfen desselben, wobei 29 Eier, welche zum Theil in Klümpchen von 2 bis 4 Stück zusammen hingen, auf das Papier fielen, also zusammen 41 Stück (gewiss eine grosse Menge von einer so kleinen Fläche, woraus sich auf die ungeheure Anzahl Eier auf der ganzen Stammoberfläche schliessen lässt). An sämmtlichen Eiern war noch die Thierhaut in der Art, dass ich, wenn ich das Gebilde von der einen Seite ansah, das hellgraue Ei vollständig erkannte, an dessen Umfang sich die Körperhaut des Thieres mit den Beinen und Fühlern als Saum zeigte; von der entgegengesetzten Seite, d. h. das ganze umgewendet, gesehen, war nur der vertrocknete, grauschwarze Thierkörper mit seinen Leibesringen und Extremitäten zu sehen. Dass man hierbei das Ei nur von der einen Seite sehen kann, erklärt sich daraus, dass die Bauchseite der Körperhaut beim Abklopfen an der Rinde hängen bleibt. — Unter den durch das Klopfen von der Rinde abgefallenen Gegenständen bemerkte ich auch eine Anzahl vertrockneter Thiere, vollständig unverletzt, und zwar in der Form der Weibchen. Dieselben sind jedenfalls unbefruchtet geblieben. Ebenso sah ich auch eine nicht geringe Anzahl vertrockneter männlicher Thiere.

Bis zum 9. September beobachtete ich noch immer neu ankommende geflügelte Thiere und die von denselben abgesetzten Jungen. Von da an musste ich wegen der stattfindenden Naturforscherversammlung meine Beobachtungen im Freien bis zum 16. September unterbrechen, habe dann aber keine lebenden Thiere mehr angetroffen. Nun hätte ich meine neuen Beobachtungsresultate alsbald veröffentlichen können, indess hielt ich es doch, obgleich ich mich so viel als möglich vor Uebereilung und Täuschungen bei so difficilen Untersuchungen zu sichern gesucht hatte, bei der Wichtigkeit der Sache für gerathen, die Resultate des zweiten Jahres zur Bestätigung heranzuziehen.

Alles was ich im Jahr 1878 als neu zu verzeichnen hatte, hat mir das Jahr 1879 bestätigt, ja es ist noch eine wesentliche Erweiterung hinzugekommen. Die ersten Thiere der zweiten geflügelten Form sah ich am 5. August in der Aue an zwei Stämmchen; von da bis zum 10. August aber keine mehr; erst am 11. und 12. August begann der Hauptflug. In der Aue wanderten die Thiere an jedem Stamm, den ich beobachtete, im Tannenwäldchen dagegen nur an zwei Bäumen. Einer derselben war an der Nordostseite von den Aesten an bis in die Mitte mit einem breiten Streifen von Thieren besetzt; die neu ankommenden kamen von den Zweigen und Aesten her an den oberen Theil des Stammes und schritten über die sich schon da aufhaltenden hinweg, so dass sich der Thierschwarm von der Mitte des Stammes aus immer mehr nach unten hin erweiterte. Am folgenden Tage reichte er bis auf die Erde. Die Thiere am oberen Stammtheil waren meistens todt, während sich am Fusse desselben noch eine lebhafte Bewegung der Masse und eine Vergrösserung derselben nach unten zeigte. Als ich hier das Laubwerk und Gras wegräumte, war dieser Theil sowie der obere Theil der blosgelegten starken Wurzeln mit geflügelten Thieren und deren Jungen vollständig bedeckt. (Ich will gleich hier bemerken, dass man auch an dieser Stelle aller kleiner Ulmenstämme und Sträucher nach der Flugzeit eine Menge Eier mit dem Mutterkörper umhüllt zum Ueberwintern antrifft.) Am 13. August wanderten auch an den kleinen, gegen 2 bis 3 m hohen, sonst aber durch die alljährlich an denselben bemerkbare riesige Menge von Gallen der *T. ulmi* ganz kümmerlich fortvegetirenden Ulmenstämmchen am Rande des Tannenwäldchens eine Menge Thiere von den Zweigen und Aesten dem Stamme zu, während an den beiden vorhergehenden Tagen noch keines daran zu sehen war. Ebenso an allen übrigen in meinem Beobachtungsterrain stehenden Bäumchen. — Das massenhafte Erscheinen der zweiten geflügelten Form in der ersten Hälfte August hat sich also auch im Jahr 1879 gezeigt. — Dieser Hauptflug dauert drei bis vier Tage. Dann wird die Menge nach und nach kleiner, vergrössert sich an windstillen und warmen Tagen auf einmal wieder, was z. B. im Jahr 1879 vom 18. bis 31. August dreimal geschah und sich am 3., 4. und 5. September wiederholte, bis endlich nur noch einzelne Thiere zu beobachten sind. Noch am ersten October habe ich solche in der Aue von einzelnen Stämmen abgelesen und mit nach Hause genommen, also volle drei Wochen später als im vorhergegangenen Jahre. — Die Zeitdauer, während welcher die zweite geflügelte Form erscheint, sowie der Umstand, dass sie erst in einzelnen Exemplaren, denen immer mehr folgen, dann in grosser Menge und dann wieder nach und nach vereinzelt auftritt, entspricht ganz dem Ausgehen der Eier im Frühjahr, was nicht auf einmal erfolgt, und dem zufolge dem allmähligen Entstehen der Gallen, der davon abhängigen Zeugungszeit des Urthiers und dem hiervon wieder abhängigen Umstande, dass die Thiere der ersten geflügelten Form die Gallen nicht auf einmal, sondern nach und nach verlassen. — Auch das, dass diese Thiere lebendige Junge zur Welt bringen, habe ich von der ersten Hälfte August an bis Ende September fast täglich beobachtet und dabei festgestellt, dass jedes Thier männliche und weibliche, nicht etwa das eine blos männliche, das andere weibliche zeugt, aber in geringer Anzahl, meistens nur 5 bis 6. Dabei ist im grossen Ganzen die Zahl beider Geschlechter gleich gross. Zu diesem Resultat gelangte ich auf die Weise, dass ich Thiere, welche noch oben am Stamme sich bewegten, also noch nicht lange vorher angekommen waren, vorsichtig mit der Pincette an den Flügeln fasste und jedes einzelne in ein kleines Glas allein brachte. In vielen Fällen fingen die Thiere schon nach 10 bis 15 Minuten an, ihre Jungen abzusetzen. Am 12. August bemerkte ich ein Thier in dem Moment, als es sich auf einem Blatte niederliess. Sofort brachte ich es in ein Glas, worin ich auch ein Stückchen Ulmenrinde legte, als ich nach circa einer Stunde nach Haus kam, hatte dasselbe schon drei weibliche und zwei männliche Thiere geboren. — Bei derselben Gelegenheit bemerkte ich zwischen den Zweigen eines Strauches von *Cornus sanguinea L.* ein Spinngewebe, worin sich eine Anzahl geflügelter Thiere bei dem Fliegen nach den Ulmen gefangen hatte. Eins dieser Gewebe zerriss ich und besah mir die Thiere in der Nähe. Unmittelbar um das erste derselben hingen im Gewebe drei männliche Junge und ein weibliches, um das zweite drei männliche und zwei weibliche. Ein drittes legte ich mit dem Gewebe auf meinen linken Daumen. In demselben Augenblicke trat ein Junges aus dessen After hervor. Dasselbe hatte Eiform. Das Ei stand aufrecht. Ich behielt dasselbe einige Zeit unter der Loupe und bemerkte dabei, dass am oberen Ende desselben die Fühler des jungen Thieres sichtbar wurden, bald nachher auch die Beine, und nach 10 Minuten spazirte ein weibliches Thier auf meinem Daumen herum. Also auch

die geschlechtlich getrennten Thiere

kommen mit einer Haut umschlossen in Eiform (Fig. 24a) zur Welt. Die weiblichen (Fig. 25) sind 0,75 bis 1,0 mm lang, 0,5 mm breit. Die Körperfarbe ist bleichbraun, Kopf, Fühler und Beine anfänglich wasserhell, Augen schwarz, Schnabel fehlt, statt dessen nur eine kegelförmige Hervorragung. Die einzelnen Körperringe sind viel deutlicher wie bei den früheren Larvenformen zu unterscheiden. Oeffnet man das Thier bald nach der Geburt, also vor der Begattung, so findet man den ganzen Körper mit einer dickflüssigen, dabei aber innerlich zusammenhängenden Masse ausgefüllt, die aber nicht äusserlich durch eine besondere Haut zusammengehalten wird. Erst später, nach der Begattung, bildet sich diese Haut und mit ihr das Ei, was man dann auch von aussen schon als abgegrenzt sehen kann. Mit dem allmähligen Absterben des Thieres wird die Körperhaut trocken, der Rand, welchen die Leibesringe bilden, zieht sich zusammen und nimmt dabei eine dunklere Farbe an, so dass man bald die gelbe Eihaut (Fig. 25b) durchschimmern sieht. Das Ei hat eine schiefe Lage, füllt den ganzen Hinterleib aus und ist an dem Bruststück angewachsen, welche Anheftestelle man, wenn man im Frühjahr die Körperhaut ablöst, in Form eines schwarzen Punktes an der Vorderseite des Eies wahrnimmt. Bei vorsichtiger Behandlung kann man zu dieser Zeit die Haut des Hinterleibes ablösen, also das Ei bloslegen, ohne dass es sich von dem Bruststück trennt. — Das männliche Thier (Fig. 24b) wird 0,5 bis 0,75 mm lang und 0,25 mm breit. Diese Breite nimmt nach hinten unbedeutend zu, so dass der ganze Körper gegen den des Weibchens schmal ist. Die Körperfarbe ist dunkelgrün: Beine, Fühler, Augen und Schnabel wie beim Weibchen. Das Innere des Körpers ist mit einer dunkelbraunen dünnen Flüssigkeit angefüllt. Ausser dem Penis habe ich sonst keine weiteren inneren Organe wahrgenommen. — Die Thiere häuten sich am zweiten Tage ihres Daseins, begatten sich und leben dann noch zwei bis drei Tage; die Männchen überdauern dabei aber stets die Weibchen. Die abgestreiften Häute sehen weiss aus und liegen meistens auf der Rinde, selten in den Rissen derselben. Am Fusse der Ulmenstämme, wohin sie durch die Bewegungen der Thiere fallen, findet man sie massenhaft zwischen den Kadavern der todten geflügelten Thiere, so dass das ganze Gemenge von todten Thieren und diesen Häuten weissgrau aussieht.

Das Ei und die Entwicklung seines Inhalts.

Das 0,5 mm lange Ei hat anfänglich eine gelbe Farbe, welche aber im Laufe der Zeit immer dunkler wird, bis es endlich dunkelgrau aussieht. Zwei Häute, eine äussere, verhältnissmässig dicke, und eine innere, zarte Haut umschliessen eine flüssige aus Tropfen zusammengesetzt erscheinende aber doch zusammenhängende Masse. Die Eihülle ist in der ersten Zeit weich, wird aber nach und nach härter, so dass sie zuletzt fest zu nennen ist und beim Zerdrücken mit einem leisen Knacken zerplatzt. Die dabei hervortretende Flüssigkeit ist trüb und bräunlich, trocknet rasch und sieht alsdann weiss aus. Während der Winterzeit erleidet dieser Ei-Inhalt äusserlich keinerlei Veränderung; mit beginnender Frühjahrswärme fängt derselbe dagegen an, sich zu verdicken und dunkeler zu färben. Dabei bildet sich in der Mitte ein Kern, der immer grösser wird, oder mit anderen Worten, die Masse zieht sich nach und nach in der Art zusammen, dass an den beiden Polen des Eies ein leerer Raum entsteht, in welchen sich in vielen Fällen die Eihaut einstülpt. Diese leeren Stellen nimmt man wahr, wenn man das Ei in einen Wassertropfen legt, wodurch die Eihülle durchsichtig wird. Gegen den fünften bis sechsten Tag, von Beginn des Entwicklungsprocesses an gerechnet, zeigt sich der Anfang der Concentration als schleimige, fest zusammenhängende Stelle in der übrigen feinkörnig aussehenden Flüssigkeit, welche beim Zerdrücken der Eihaut auseinander fliesst. Von jetzt an schreitet die Bildung des entstehenden Körpers rasch vorwärts; schon nach weiteren zwei Tagen kann man bei vorsichtiger Behandlung die Eihaut von der allerdings jetzt noch formlosen Neubildung abtrennen. Bald aber erkennt man an derselben schon die besonderen Anfänge zu Kopf und Leib als zwei nach den Eipolen hin liegende dunkele Stellen, wovon die eine kleiner ist als die andere. In der kleineren erkennt man bald den Kopf und in der anderen den übrigen Körper. Dann werden die überaus feinen Extremitäten wahrnehmbar und so schreitet der Aufbau rasch weiter vor, bis das vollendete Thier nach 12 bis 14 Tagen die Eihülle verlässt. — Diese Resultate erhielt ich von meinen alltäglichen Beobachtungen und Untersuchungen, welche ich am 18. April begann. An diesem Tage war der Ei-Inhalt noch Dotter, am 30. April verliess das erste vollständig ausgebildete Thier seine Hülle. Hierbei muss ich jedoch bemerken, dass ich die grosse Anzahl der untersuchten Eier von Rindenstücken abnahm, welche ich am 18. April von einem Baume abgeschnitten und seitdem in einem offenen Glase, welches am Fenster meines geheizten Arbeitszimmers stand, aufbewahrt hatte, so dass die Stubenwärme auf die Entwickelung des Embryo nicht ohne Einfluss geblieben war. Bei der zu dieser Zeit noch niedrigen und wechselnden Temperatur im Freien geht die Entwickelung nicht so rasch vor sich, auch ist dabei der Standort der Ulmen, ob z. B. dem Wind ausgesetzt oder geschützt, von Einfluss. Während ich am 2. Mai in Eiern von Stämmen aus dem Tannenwäldchen (dem Wind ausgesetzt) das Thier noch ganz gestaltlos fand, sah ich in der Aue (geschützt) schon eine Menge

Thiere in den sich eben öffnenden Knospen. Ferner entwickeln sich die Thiere aus den Eiern, welche sich auf der Winterseite des Stammes befinden, langsamer, als die in den Eiern auf der Sommerseite. So waren z. B. am 2. Mai die Thiere in Eiern von der Sommerseite fast vollständig ausgebildet, während jedes von der Winterseite genommene und geöffnete Ei nur ein formloses Klümpchen enthielt, was sich jedoch ganz leicht aus der Eihaut herausschieben liess. — Wegen dieser verschiedenen Umstände können drei Wochen verfliessen, bis die letzten Thiere das Ei verlassen. Noch am 17. Mai setzte ich frisch abgeschnittene Rindenstücke in ein Glas, in welchem ich dann noch am 19. Mai eben ausgekrochene Thiere bemerkte.

Nach vorstehenden Darstellungen ist mir aus der Entwickelungsgeschichte von *Tetraneura ulmi L.* kurz ausgedrückt Folgendes bekannt: Das E i (Fig. 2), das daraus hervorgehende U r t h i e r (oder die Stammmutter für alle folgenden Formen), welches im Frühjahr die Gallen auf den Ulmenblättern hervorbringt, dessen u n g e f l ü g e l t e N a c h k o m m e n, welche im Juni die Gallen als g e f l ü g e l t e Thiere verlassen und irgendwo wieder u n g e f l ü g e l t e Junge zeugen, welche im August als g e f l ü g e l t e Thiere auf die Ulme zurückkehren und da an der Rinde g e s c h l e c h t l i c h g e t r e n n t e f l ü g e l l o s e Junge absetzen, von denen das Weibchen ein Ei bei sich trägt, welches überwintert. Ich würde mithin den Entwickelungskreis dieser Blattlausart vollständig kennen, wenn ich wüsste, an welche Pflanze die erste geflügelte Form ihre Brut zu deren Ernährung und Ausbildung bis zur zweiten geflügelten Form absetzt, und dann hätte ich die von Lichtenstein aufgestellte Theorie über die Entwickelung der gallenbildenden Aphiden durch eine zweite Art bestätigt. — Die Ausfüllung dieser Lücke halte ich indess nur noch für eine Frage der Zeit. Was ich im letztverflossenen Jahre hierzu gethan habe, will ich noch kurz zusammengestellt hier anführen. Es wäre ja möglich, dass ich dadurch andern Beobachtern Anhaltepunkte gäbe, an deren Hand sie zur Beantwortung dieser Frage mit helfen könnten.

Alle Aphiden-Arten haben bekanntlich zu ihrer Existenz und Ausbildung Wärme, Feuchtigkeit und mehr oder weniger weiche, zarte und saftreiche Pflanzentheile, die gallenbildenden auch noch Abgeschlossenheit vom direkten Einfluss der Sonnenstrahlen und der Luft, nöthig. Diese Bedingungen werden bei den im Frühling und Vorsommer thätigen Formen von *Tetraneura ulmi* in den Gallen erfüllt. Weil nun die zweite geflügelte Form sich von der ersten gar nicht unterscheidet, so ist doch gewiss die Annahme zu rechtfertigen, dass auch die ungeflügelte Form, woraus sie hervorgeht, sich unter denselben oder denselben doch sehr nahe kommenden Verhältnissen entwickeln muss, d. h. dass sich dieselbe an einer Oertlichkeit aufhalten muss, welche ebenfalls die erforderliche Wärme und Feuchtigkeit der Umgebung und Zartheit des zur Nahrung dienenden Materials, sowie Schutz vor direktem Einfluss der Sonnenstrahlen und des Windes darbietet. Ebenso müssen dann auch die einzelnen Entwickelungsstadien dieser ungeflügelten Form, denjenigen, woraus die ersten geflügelten Thiere hervorgehen, analog sein und sich ungefähr so gestalten, wie dies die nur in Umrissen dargestellten Figuren 15 bis 22 zeigen. Nun lässt sich zwar aus dem mächtigen Schnabel der von der ersten geflügelten Form abgesetzten ungeflügelten Thiere schliessen, dass das Gewebe der Pflanze, resp. des betreffenden Theiles derselben, an welchem sich diese Thiere nähren, weniger zart, weniger saftreich zu sein braucht, auch wohl dicker sein kann, als das der Gallen auf den Ulmenblättern; aber was für eine Pflanzenart ist das? Diese aufzufinden, das ist die noch zu lösende schwere Aufgabe. — Die oberen Theile von hoch wachsenden Pflanzen, nämlich Knospen, Blätter und junge Triebe, können es nicht gut sein, weil zu dieser Jahreszeit (Juli, August) das üppige und rasche Wachsthum dieser Theile nicht mehr stattfindet. Trotzdem habe ich doch fast alle Baum- und Sträucher-Arten, welche in der Nähe der von mir beobachteten Ulmen stehen, in dieser Beziehung während der genannten Zeit genau und wiederholt untersucht, aber ohne Erfolg. Mehr Wahrscheinlichkeit haben die unteren Theile von niedrigen Gewächsen, namentlich der Wurzelhals und die Wurzeln von Gräsern für sich, weil relative Feuchtigkeit, Wärme, Schutz vor direkter Einwirkung der Sonnenstrahlen, hier annähernd vorhanden sind. Auch hierüber habe ich Untersuchungen angestellt. Schon im April brachte ich vier Ballen von verschiedenen Grasarten, welche auf einem Grasplatze unmittelbar neben den Ulmenstämmen im Tannenwäldchen wachsen, in Blumentöpfe. Ich hielt die einzelnen ungleichmässig feucht, damit sie nicht alle auf einmal zum üppigen Wachsen kamen. Als die Zeit herannahte, in welcher die ersten Thiere die Gallen verlassen, war dann auch das Gras in den vier Töpfen verschieden gross, mithin die einzelnen Pflanzen auch verschieden weich und saftreich. Ich schnitt nun Ulmenzweige ab, auf deren Blätter Gallen waren, die sich eben öffneten, und steckte sie in die feuchten Grasballen von zwei Töpfen. Den einen bedeckte ich mit einer Glasglocke (die ich indess jeweilig lüftete), um das Wegfliegen der Thiere zu verhüten, den anderen liess ich offen. Etwa acht Tage später, also zu einer Zeit, wo die Thiere in weit grösserer Anzahl die Gallen verliessen, legte ich mit Gallen besetzte Blätter in ein grösseres Glas, worin sich dann in kurzer Zeit eine Menge geflügelter und ungeflügelter Thiere sammelte. Durch Umstülpen und Anklopfen des Glases über den dritten Topf brachte ich dann diese Thiere in das Gras desselben und deckte eine Glasglocke darüber. Einige Tage später brachte ich auf dieselbe Weise auch Thiere in's Gras des vierten Topfes. Beim späteren Untersuchen der einzelnen Töpfe ergab sich dann, dass ich nicht ein einziges Thier fand, welches sich an den Wurzeln oder dem Wurzelhals angesogen hätte; die Thiere lagen in den überdeckten Töpfen todt auf der Erde, von den unbedeckt gelassenen waren sie alle entwichen. — Schon bevor ich die Grasballen aus den Töpfen nahm und dann die einzelnen Pflänzchen abtrennte und näher untersuchte, hatte ich die Ueberzeugung gewonnen, dass ich zu diesem Endresultat gelangen würde, weil ich vorher bei meinen Beobachtungen der Thätigkeit der einzelnen Thiere keinmal gesehen hatte, dass eins derselben, weder von den geflügelten noch den ungeflügelten, sich an den unteren Theil der Graspflanzen begeben hätte und da sitzen geblieben wäre. — Auf den Blumenbrettern vor den Fenstern meines Arbeitszimmers habe ich während der warmen Jahreszeit eine Anzahl Topfgewächse stehen. Während ich sonst dieselben von allem Unkraut rein halte, liess ich im Jahr 1879 vom Frühjahr an alle Graspflänzchen bei denselben stehen und zwar aus folgendem Grunde: Auf denselben Blumenbrettern halte ich während der Beobachtungszeit stets Ulmenzweige mit Gallen im Wasser frisch, um zu jeder Zeit Beobachtungsmaterial, namentlich zum Anfertigen von Präparaten zur Hand zu haben. Nun, dachte ich, dass, wenn die geflügelten Thiere ihre Jungen wirklich an Graswurzeln absetzten, sie jedenfalls die ihnen beim Ausfliegen zunächst stehenden Graspflanzen, also hier die in den Blumentöpfen stehenden, dazu benutzen würden. Allein als ich zur geeigneten Zeit die nicht unbedeutende Anzahl zu diesem Zwecke stehen gelassener Grasbüschel untersuchte, fand ich mich ebenfalls in meinen Erwartungen getäuscht; es war von einem *Tetraneura*-Thier nichts zu sehen. Bei dieser Gelegenheit machte ich indess am 30. Juni eine nicht uninteressante Beobachtung, die ich aber leider nicht weiter verfolgen konnte. An dem Wurzelhals eines Grasbüschels von *Poa annua L.* fand ich nämlich eine geflügelte g r ü n e Blattlaus, wie mir's schien von *Aphis Rosæ L.*, und circa 1 bis 1,5 cm tiefer zwischen den Wurzeln neun ungeflügelte, grüne Blattläuse von verschiedener Grösse. Exemplare von *Tetraneura ulmi* waren es nicht wegen der hellgrünen Farbe und der langen Fühler. — Um nun zu sehen, ob die erste geflügelte Form von *Tetr. ulmi* ihre Brut im Freien etwa doch an Grasarten absetze, untersuchte ich während des Monates Juli eine grosse Anzahl von Gräsern, welche in der Nähe der von mir beobachteten Ulmen wachsen, sowohl im Tannenwäldchen als auch in der Aue; aber ebenfalls erfolglos. Ich nenne hiervon nur: *Avena flavescens L., A. pratensis L., A. elatior L., Bromus pinnatus L., B. tectorum L., B. arvensis L., Poa annua L., P. pratensis L., Festuca rubra L., F. ovina L., Hordeum murinum L., Dactylis glomerata L.* u. dergl. m. Ferner untersuchte ich die Wurzeln von andern in der Nähe wachsenden Pflanzen, z. B. von: *Hypericum perforatum L., Ononis spinosa L., Medicago falcata L., M. sativa L., Achillea Millefolium L., Cirsium arvense Scp., Agrimonia Eupatoria L., Viola hirta L. etc.*, aber ebenfalls ohne Erfolg.

Tetraneura alba Ratzb.

Weil die auf *Ulmus campestris L.* lebenden Aphiden-Arten nicht nur in ihrer Lebens- und Entwickelungsweise, sondern auch in der Körperbeschaffenheit, namentlich bei der Form, welche im Frühjahr die Missbildungen an den Blättern bewirkt, viel Uebereinstimmendes haben, so ist es schwer, die Urthiere bei ihrem ersten Auftreten, d. h. zu der Zeit, wenn sie den Ueberwinterungsort verlassen und die Blattstelle, an welcher sie ihre Gallen bilden wollen, von einander zu unterscheiden, um so mehr als alle vier Arten an einem und demselben Stamme auftreten können. Erst dann, wenn man sie in den Anfängen ihrer Missbildungen antrifft, ist dies möglich, und dann tritt noch der weitere erschwerende Umstand hinzu, dass ihre Gallenanfänge nicht gleichzeitig, sondern in Zeitabständen von 14 Tagen bis 3 Wochen dem Auge sichtbar werden. Wenn man daher im Frühjahr die kleinen schwarzen Thierchen in Menge an den Zweigen und Knospen der Ulmen, das Aufgehen der Knospen abwartend, sitzen sieht, so können darunter alle vier Arten vertreten sein. Mit welcher Art man es zu thun hat, darüber wird man erst durch den Standort der Galle belehrt. Von *T. alba* bemerkte ich im vorigen Jahre erst am 22. Mai den Anfang zur Galle durch die hellgrüne Färbung der Hauptrippe mit zwei Nebenrippen und des diese Rippen umgebenden Blattgewebes, sowie durch eine kleine Ausbiegung des jungen Blattes an dieser Stelle nach der Unterseite hin. Die Galle von *T. alba* steht nämlich immer in der unteren Hälfte, gewöhnlich am Grunde des Blattes auf der Hauptrippe (Tafel II, Fig. 1). Ausgewachsen ist sie von verschiedener Form, meist aber breit halbkugelig oder eiförmig, je nach der Grösse und Kräftigkeit des Blattes auch verschieden gross; eine derselben, welche mittlere Grösse hatte, war 12 mm hoch und hatte einen Querdurchmesser von 8 mm; ihre Wanddicke betrug 2 mm. Die ursprüngliche gelbgrüne Farbe derselben geht nach und nach in's Graugelbe über. Wenn sie diese Farbe angenommen hat, entstehen auf dem oberen Theil der Wölbung derselben kleine Risse, welche sich zu einer unregelmässigen Oeffnung erweitern, woraus dann die geflügelten Thiere hervortreten. Sucht man in dem Gallenanfang nach dem Thier, so findet man dasselbe in dem Winkel und zwar an dem Scheitelpunkt desselben, welchen eine Nebenrippe mit der Hauptrippe des Blattes macht. Es (Fig. 2 b) ist ungeflügelt, glänzend schwarz und kleiner als das Urthier von *T. ulmi*, mit welchem es in der Körperform fast übereinstimmt. Es häutet sich ebenfalls viermal, sieht nach der ersten Häutung gelblichgrün aus, färbt sich nach und nach heller, so dass es nach der letzten Häutung gelblich weiss ist. Die Grössen- und sonstigen Veränderungen nach den einzelnen Häutungen zeigen die Figuren 3 bis 6 auf Tafel II. Kopf, Schnabel, Fühler und Beine sind in allen Entwickelungsstadien schwarz. Die Art und Weise der Häutung der Thiere, die Lage der einzelnen abgestreiften Häute in der Galle etc. ist gerade so wie bei *T. ulmi.* Nach der letzten Häutung misst das Thier etwas über 2 mm, ist dabei fast kugelig mit verhältnissmässig sehr kleinem Kopf und sehr kleinen Fühlern und Beinen. Diese Körpertheile sind so klein, dass, wenn man in diesem Entwicklungsstadium ein Thier in Canadabalsam bringt und dasselbe dabei auf die Bauchseite legt, man nichts von denselben sieht; man hat nur eine gelbweisse Kugel vor sich. Bald nach der vierten Häutung ist das Thier in einen kurzhaarigen Wollpelz vollständig eingehüllt, der so dicht ist, dass derjenige, welcher in dieser Zeit zum erstenmal in eine geöffnete Galle sieht, nur eine kleine Wollkugel bemerkt, darin aber kein Thier vermuthet. Auch bei ihm beginnt jetzt die Erzeugung lebendiger Jungen, die ebenfalls in Eiform aus dem Mutterkörper hervortreten und in ihren nachfolgenden Entwickelungsformen fast denselben Veränderungen unterliegen wie die von *T. ulmi.* Sie sind, nachdem sie die Embryohaut abgestreift haben, aber noch kleiner als diese, sehen wasserhell aus, später aber gelblichweiss und besitzen, wie das Mutterthier, schwarze Extremitäten. Nach jeder Häutung werden sie dunkeler. Unmittelbar nach der dritten sind sie 1,5 mm lang, haben etwas abstehende Flügelansätze, welche ebenso wie das Bruststück, glashell, etwas in's Grünliche spielend, aussehen, sich aber bald dunkeler färben, wogegen Kopf und Hinterleib fast schwarz sind. Die Verschiedenheit der Körperform nach jeder Häutung veranschaulichen die Figuren 7 bis 10. Dass auch bei dieser Art alle Thiere, welche in der Galle sind, diese im geflügelten Zustand verlassen (vorausgesetzt, dass die Galle normal wächst), brauche ich wohl eben so wenig noch einmal besonders hervor zu heben als auch das, dass die Galle zu der Zeit, wann sie von den ersten geflügelten Thieren verlassen wird, noch das allerdings fast zusammengeschrumpfte Mutterthier mit Jungen von jeder Altersstufe bis zum geflügelten Thier enthält. Die Anzahl der Jungen ist aber beträchtlich grösser als die bei *T. ulmi*: ich zählte in stark entwickelten Gallen wiederholt nahe an 200. —

Weil die geflügelten Thiere von *T. alba* wenigstens drei Wochen später die Gallen verlassen als die von *T. ulmi,* so war ich früher der Ansicht, dass eine Vergleichung von l e b e n d e n Exemplaren beider Arten nicht möglich sei. Indess ist es mir doch im vorigen Jahre Ende Juli gelungen, diese Vergleichung von Spätlingen der *T. ulmi* und den ersten von *T. alba* vorzunehmen, weshalb ich jetzt auch eine genauere Beschreibung des geflügelten Thieres dieser letzten Art geben kann. Das Thier (Fig. 11) ist in allen seinen Körpertheilen etwas kleiner als *T. ulmi.* Der Kopf, der Schnabel, die Ober- und Unterseite des Bruststücks sind bei beiden fast gleich geformt, stimmen auch in dem Grössenverhältniss zu den andern Körpertheilen überein. Der Hinterleib ist dagegen bei *T. alba* nicht ganz schwarz, sondern schwarzgrau.

auch sind die Ringe desselben (wenigstens war dies so bei den Exemplaren, welche ich verglichen habe) scharf getrennt, derselbe verschmälert sich nach hinten auch mehr, als der von *T. ulmi*. Der Hauptunterschied beider Arten liegt in der Fühler- und Flügelbildung. Bei den sechsgliederigen Fühlern ist die Färbung und die Beschaffenheit der beiden Grundglieder gleich, dagegen ist das Längenverhältniss der übrigen Glieder zu einander verschieden. Diese sind bei *T. alba* (Fig. 12) alle cylindrisch, scharf geringelt und am Grunde eingeschnürt. Der Länge nach verhalten sie sich so zu einander, dass das vierte als 1, das fünfte als 2 und das dritte als 3 angenommen werden kann; das sechste ist um $^1/_4$ länger als das fünfte und trägt am Ende eine etwas gekrümmte Spitze. — Das Geäder in den Flügeln ist im Allgemeinen von zarterer Beschaffenheit als in denen von *T. ulmi*. Der Verlauf der einzelnen Adern selbst ist in den Vorderflügeln bei beiden Arten fast vollständig gleich; nur dürfte in dem Ursprung der beiden ersten Schrägadern ein kleiner Unterschied liegen, die bei *T. alba* etwas weiter von einander getrennt aus der Randader entspringen. In den Hinterflügeln von *T. alba* sind dagegen stets zwei Schrägadern ganz deutlich zu sehen. Diese entspringen ziemlich weit von einander etwas entfernt von der Randader, nicht an derselben, und verlaufen so, dass ihre Endpunkte den Innenrand der Flügel in drei Theile abgrenzen, welche fast gleich lang sind, nur ist der mittlere etwas kleiner als jeder der beiden andern. Die vordere dieser Schrägadern ist gerad und kürzer als die etwas gebogene hintere. Ausserdem liegt zwischen dem Oberrand und der starken Randader noch eine dritte, ganz feine Ader, was bei *T. ulmi* nicht der Fall ist.

Die geflügelten Thiere von *T. alba* bringen ebenfalls in geringer Anzahl ungeflügelte Junge in Eiform zur Welt. Der Körper dieser letzteren (Fig. 13 b) ist 0,5 mm lang und halb so breit, dabei nach hinten kaum merklich breiter; der letzte Hinterleibsring ist dagegen viel schmäler als der vorletzte; er sieht fast wie ein Anhängsel aus. Die anfänglich braungelbe Körperfarbe verdunkelt sich bald, ebenso werden die glashellen Extremitäten bald dunkeler. Der Kopf hat fast dieselbe Breite, wie die angrenzenden Brustringe. Auch bei diesen Thieren sind die Hinterleibsringe eben so deutlich von einander geschieden, wie bei den entsprechenden von *T. ulmi*. Beide stimmen ferner in der Form und Grösse des Schnabels und der Fühler, sowie darin überein, dass alle Körpertheile mit einzelnen starken Haaren besetzt sind.

Diese Thierform erklärte ich in meiner früheren Abhandlung ebenfalls wie die entsprechende von *T. ulmi* für die Stammmutter der nächstjährigen Generationen. Allein auch diese Annahme hat sich bei meinen Beobachtungen im vorigen Herbst als irrthümlich herausgestellt. — Nachdem ich die zweite geflügelte Form von *T. ulmi* entdeckt hatte, lag die Vermuthung nahe, dass bei *T. alba* auch eine solche existiren müsse. Deshalb fahndete ich schon von Anfang September an auf dieselbe. Am 16. September hatte ich dann auch die grosse Freude, bei der Untersuchung einer grossen Anzahl *Tetraneura*-Thiere 20 Exemplare zu finden, welche zwei deutliche Schrägadern in den Hinterflügeln hatten, also 20 Belege auf einmal für die Existenz der zweiten geflügelten Form von *Tetraneura alba Ratzb.* (Woher sie kamen, d. h. an welcher Pflanze sie sich entwickelt hatten, das war und ist mir eben so unbekannt wie bei der entsprechenden Form von *T. ulmi*). Von da habe ich dann fast alltäglich bald mehr, bald weniger Exemplare dieser Thiere, aber meistens in Gemeinschaft von *T. ulmi* bis in den October hinein an den Ulmen gefunden. Nur an einem Stamm in der Aue zeigte sich fast ausschliesslich *T. alba.* — Einen Unterschied in der Körperbeschaffenheit zwischen dieser zweiten (Fig. 14) und der ersten geflügelten Form habe ich, soweit eine Vergleichung überhaupt möglich war, nicht bemerkt. Die Präparate von Flügeln und Fühlern beider Formen zeigen eine vollständige Uebereinstimmung. Ferner ist der Grössenunterschied der zweiten geflügelten Form zwischen *T. ulmi* und *T. alba* ebenso wie bei der ersten, d. h. *T. ulmi* ist in allen Körpertheilen etwas grösser und derber als *T. alba.* Man nimmt diesen Grössenunterschied auch deutlich wahr, wenn Exemplare beider Arten an Baumstämmen zufällig neben einander her laufen, was ich oft gesehen habe. — Dass nun diese Thiere auch geschlechtlich getrennte Junge in Eiform und in geringer Anzahl zur Welt bringen, und dass das weibliche Thier ebenfalls ein wirkliches Ei in sich birgt, aus welchem dann das Urthier für's folgende Jahr hervorgeht, brauche ich wohl nicht noch durch Aufzählen von einzelnen Beobachtungsbeispielen nachzuweisen. Diese Thiere (Fig. 15 und 16) sind ebenfalls kleiner als die entsprechenden von *T. ulmi*, beide Geschlechter sind aber gelb von Farbe (die hellere Färbung dieser Art gegen die vorige zeigt sich also durch alle Entwickelungsphasen). Das Verhältniss zwischen Männchen und Weibchen bezüglich der Grösse und Gestalt ist dasselbe wie bei *T. ulmi*. Eine specielle Beschreibung dürfte deshalb überflüssig sein. — *Tetraneura alba* hat somit denselben Entwickelungsgang während eines Jahres wie *T. ulmi*. Das aus dem überwinterten Ei hervorgehende ungeflügelte Urthier nimmt während der warmen Jahreszeit zweimal geflügelte Form an, wovon die erste die Ulme verlässt, irgendwo ungeflügelte Junge absetzt, welche wieder als zweite geflügelte Form auf die Ulme zurückkehren und da geschlechtlich getrennte Thiere niederlegen, von denen das Weibchen ein Ei (Fig. 2a) in sich birgt, welches, von dem abgestorbenen Körper der Mutter umgeben, in den Rindenrissen der Ulme überwintert.

Schizoneura ulmi L.

Das Urthier dieser Art afficirt das eben aus der Knospe der Ulme hervortretende Blättchen in der Art, dass sich die eine

Hälfte desselben mit fortschreitendem Wachsthum vom Rande aus nach der Unterseite hin umbiegt, wodurch mit der Zeit eine hellgelbe, blasige oder schwielige Rolle entsteht (Fig. 17). Es ist ebenfalls schwarz glänzend und hat in der Körpergestalt fast keine Merkmale, durch die man es von den *Tetraneura*-Arten unterscheiden könnte, nur ist es am Hinterleib etwas weniger abgestutzt und im Ganzen grösser als diese. Je nachdem das Blatt langsamer oder üppiger wächst, wird auch das Thier kleiner oder grösser. Bei seiner Metamorphose sind alle äusseren Vorgänge (Anzahl und Art der Häutungen, Bildung von Wollhaar, Beginn des Puppenzustandes etc.) ganz dieselben wie bei den *Tetraneura*-Arten. Nach der vierten Häutung ist der fast eiförmige Körper desselben schieferschwarz, 4 mm lang, 2,5 mm breit und hoch, der Kopf klein, Fühler und Beine kurz und schwarz. — Auch diese Blattlausart bringt lebendige Junge in Eiform zur Welt, deren Anzahl in üppigen Blattrollen über 100 beträgt. Die noch nicht 1 mm grossen Thierchen sind anfangs fast wasserhell, häuten sich viermal, neigen schon nach der ersten Häutung in's Grüne, werden dann rein grün und sehen nach der dritten Häutung, zu welcher Zeit sie etwas über 2 mm lang sind, grüngrau aus, wobei der Hinterleib noch dunkeler ist. Während der Entwickelung ist auch ihr Körper mit weissem Wollhaar bedeckt, und jedes derselben verlässt bei ungestörtem Wachsthum der Blattrolle diese als geflügeltes Thier. Zu der Zeit, in welcher die zuerst geborenen in den geflügelten Zustand übergehen, wird der Schluss der Blattrolle nach und nach lockerer, bis endlich durch das Aufrollen an einem der beiden Enden derselben, selten an beiden Enden zugleich, eine Oeffnung entsteht, aus welcher die reifen Thiere entweichen. — Der Körper dieser Thiere (Fig. 18) ist in allen seinen Theilen etwas grösser als der der *Tetraneura*-Arten, auch sind dieselben alle schwarz, nur spielt der Hinterleib etwas in's Grünliche. Kopf, Bruststück und Hinterleib bieten keine nennenswerthen Unterscheidungsmerkmale von den *Tetraneura*-Arten dar, wohl aber die Fühler und Flügel. Die sechsgliedrigen Fühler (Fig. 19) sind halb so lang als der Körper, die zwei Grundglieder derselben verdickt, fast kugelig, das erste jedoch etwas dicker als das zweite. Das dritte ist cylindrisch, noch einmal so lang als die drei folgenden zusammen; das vierte am Grund eingeschnürte, fast eben so lang als die zwei Endglieder zusammen. Diese sind unter sich gleich lang und so schwach von einander getrennt, dass man sie leicht nur für ein Glied hält. Das sechste hat in der Mitte eine Art Kerbe. Die beiden Grund- und die zwei Endglieder sind glatt, das dritte und vierte dagegen geringelt. Der ganze Fühler ist, so lange das Thier lebt, fein behaart, nach dem Tode bemerkt man die Härchen nicht mehr; dieselben legen sich jedenfalls um. — An den glashellen Vorderflügeln tritt die Randader mit dem Flügelmal markirter als bei den *Tetraneura*-Arten hervor. Letzteres ist fast rein lanzettlich. Die zwei vorderen Schrägadern entspringen an der Randader, aber etwas weiter von einander getrennt als bei *Tetraneura alba*. Die erste verläuft dann kurz schräg durch den Flügel, bis an den Innenrand, so dass sie von diesem das erste Drittel abschneidet, während die zweite mit ihrem Endpunkt das zweite Drittel begrenzt. Die dritte Schrägader nimmt ihren Anfang in der Regel ziemlich weit von der Längsader entfernt, fast in der Mitte des Flügels und theilt sich dann bald gabelig. Der längere Theil der Gabel grenzt mit seinem Endpunkt das dritte Drittel vom Innenrand des Flügels ab. Nicht selten findet man auch den Anfang der Gabelader ganz in der Nähe der Randader, indem sich der Gabelstiel von der Gabel an nach dort hin verlängert, sich dabei immermehr verfeinert und sich endlich verliert. — Im zarten Unterflügel befinden sich zwei Schrägadern, welche in der Vorderhälfte desselben nicht weit von der Randader in ziemlich weiter Entfernung von einander ihren Anfang nehmen. Die vordere, kürzere ist gerad und verläuft zum Innenrand schräg stehend, während die hintere, längere etwas gebogen ist und mehr liegend verläuft. — Haben die Thiere die Galle verlassen, so fangen auch sie bald an, ungeflügelte Junge zu gebären, aber in grösserer Anzahl als die *Tetraneura*-Arten. Gelegentlich einer Untersuchung dieser Thiere auf den Schnabel, wobei ich eine Anzahl derselben an eine nassgemachte Stelle auf den Rücken legte, so dass die Flügel und Fühler anklebten, beobachtete ich, dass eins derselben, während einer Stunde über 20 Stück gebar und zwar ebenfalls in Eiform. Die Farbe dieser Thiere ist kurz nach der Geburt hellgelb, später dunkeler: Beine, Schnabel und Fühler wasserhell. Die Länge des Körpers beträgt etwas über 0,5 mm, der Schnabel reicht bis in das letzte Viertel des Hinterleibes, ist also auch sehr gross. Die Fühler verdicken sich nach vorn. Sämmtliche Körpertheile sind auch bei diesen Thieren mit einzelnen starken Haaren besetzt. — Wo dieselben von ihrer Mutter zur weiteren Entwickelung hingetragen werden, weiss ich bis jetzt auch nicht; aber dass eine zweite geflügelte Form von *Schizoneura ulmi* im Nachsommer und Herbst auch wieder auf der Ulme erscheint, das habe ich am 29. September 1879 entdeckt. An diesem Tage machte ich Präparate von Fühlern und Flügeln der beiden *Tetraneura*-Arten in der Art, dass ich den Kopf mit den Fühlern und die Flügel beider Arten neben einander unter ein Deckgläschen legte, um diese Theile so bequem vergleichen zu können. Bei der Vergleichung fand ich in den Vorderflügeln eines vermeintlichen Exemplares von *T. ulmi* eine Gabelader und zwei deutliche Schrägadern in den Hinterflügeln. Das machte mich stutzig. Ich untersuchte nun noch eine Anzahl von den lebenden Thieren, welche ich in einem Glase vorräthig hatte, und fand darunter zu meiner grossen Ueberraschung und Freude noch mehrere Exemplare, welche nicht nur nach dem Flügelgeäder, sondern auch nach der Beschaffenheit der Fühler wirkliche *Schizoneura ulmi* waren. Ich sammelte nun an den folgenden Tagen immer frische Thiere, und fast jedesmal war *Schizoneura ulmi* dabei vertreten. Am 3. October waren die sieben aus der Aue mitgebrachten Thiere sogar alle von dieser Art. Damit war aller Zweifel an der Existenz der zweiten geflügelten Form von derselben gehoben. Noch bis zum 13. October fand ich fast jeden Tag einzelne Exemplare davon. — Auch diese Thiere stimmen in allen Körpertheilen mit denen der ersten geflügelten Form überein. Dass ich mir nun ferner auch darüber Gewissheit zu verschaffen suchte, ob auch sie geschlechtlich getrennte Junge zeugten, versteht sich von selbst. Ich brauchte nicht lange darauf zu warten. Ein am 3. October in einem kleinen Glase abgesperrtes Exemplar gebar zwei weibliche Junge; in einem andern Glase, worin ich vier geflügelte Thiere gebracht hatte, bemerkte ich bald nachher vier männliche und zwei weibliche Thiere und am 6. October fand ich bei sechs abgesperrten zwei Weibchen und 6 Männchen. — Die Jungen treten ebenfalls mit einer Haut umschlossen in Eiform aus dem Mutterkörper hervor, haben fast dieselbe Grösse wie die entsprechenden von *Tetraneura ulmi*, stimmen auch im Form- und Grössenverhältniss zwischen Männchen und Weibchen mit diesen überein, haben aber eine gelbe Farbe. Eine specielle Beschreibung derselben, sowie des Mutterthieres kann ich deshalb unterlassen. Die nach lebenden Exemplaren gezeichneten Figuren 18 bis 21 ersetzen die Beschreibung.

Dass ich erst so spät im Jahre diese Entdeckung an *Schizoneura ulmi* machte, erkläre ich mir daraus, dass ich während der Sommermonate meine Aufmerksamkeit vorzugsweise den *Tetraneura*-Arten zuwandte. Die von *Schizoneura* noch aufgefundenen Thiere sind jedenfalls Spätlinge gewesen. Weil diese Art nämlich gleichzeitig mit *T. ulmi* ihre Thätigkeit im Frühjahr beginnt und von da an bis zum Erscheinen in der ersten geflügelten Form nur sechs Wochen, *T. ulmi* dagegen zwei Monate Zeit nöthig hat, so muss die Hauptflugzeit der zweiten geflügelten Form in die zweite Hälfte des Monates Juli fallen. Zu dieser Zeit beschäftigte ich mich aber besonders mit den Untersuchungen, welche das Auffinden des Ortes bezweckten, an welchem die erste geflügelte Form ihre Brut absetzt. Weil ich diesen Ort aber nicht an den Ulmenstämmen suchte, so habe ich den Hauptschwarm der zweiten geflügelten Form von *Schizoneura ulmi* höchst wahrscheinlich übersehen. Der nächste Sommer wird mich über diese Vermuthung in's Klare bringen.

Die Art *Schizoneura ulmi* stimmt nach den im Vorstehenden mitgetheilten Beobachtungsresultaten in allen Entwicklungsphasen mit den beiden *Tetraneura*-Arten überein. Daraus lässt sich wohl schliessen, dass dies auch mit allen übrigen *Schizoneura*-Arten der Fall sein wird. Die Erbringung des Nachweises hierfür eröffnet ein neues interessantes Beobachtungsfeld, auf welchem der Bestätigung der Lichtenstein'schen Theorie über die Entwickelung der Aphiden immer näher getreten würde. *Schizoneura lanuginosa* Hart. habe ich während der zwei letzten Jahre in meinem Beobachtungsterrain nicht mehr gesehen.

Notizen zu den Gattungs- und Artenmerkmalen des Genus Tetraneura.

Hartig legt in seinem „Versuch einer Eintheilung der Pflanzenläuse nach der Flügelbildung" in Germar's Zeitschrift für die Entomologie III. Band S. 366 der von ihm aufgestellten Gattung *Tetraneura* folgende Merkmale bei: Flügel ungerandet, mit Flügelmal, Randzelle und drei einfachen Schrägadern, Unterflügel mit einer Schrägader. Fühler sechsgliedrig. Das dritte Glied sehr lang und runzelig, Hinterleib ohne Honigdrüsen.

Kaltenbach charakterisirt die Gattung *Tetraneura Hart.* in seiner „Monographie der Familie der Pflanzenläuse" S. 189 so: Fühler kurz, sechsgliederig, die einzelnen Glieder ringelig. Flügel dachförmig tragend; die vorderen mit vier einfachen, die hintern mit einer Schrägader versehen.

Koch sagt in seinem Werke: „die Pflanzenläuse Aphiden" bei der Beschreibung des „Genus XXII *Tetraneura Hart.*", nachdem er die Fühler und Vorderflügel genau beschrieben hat, „Die Hinterflügel haben nur eine Schrägader."

Kaltenbach und Koch schliessen sich also, was die Adern in den Hinterflügeln anbelangt, der Ansicht Hartig's an. — In Ratzeburg's „Forstinsekten" III. Theil steht dagegen auf Seite 222 in der Abtheilung D der Gattung *Aphis L.*: „Fühler sechsgliederig. Vorderflügel mit ungegabelten, Hinterflügel mit zwei Nerven." Er beschreibt dann *Tetraneura ulmi L.* und seine *alba,* also beide mit zwei Schrägadern in den Hinterflügeln. Soviel mir bekannt ist, haben diejenigen Entomologen der Neuzeit, welche sich speciell mit den Aphiden beschäftigen, diese Angabe Ratzeburg's übersehen, wenigstens nicht auf deren Richtigkeit geprüft. Dr. Löw in Wien sagt z. B. in einem Schreiben an mich vom 4. August 1879: „Ihr schönes Präparat der *T. alba* hat mich genügend belehrt, dass Ratzeburg in Betreff der Schrägadern der Hinterflügel eine falsche Angabe gemacht hat, und dass ich auf seine Autorität hin ebenfalls irrigerweise der *T. alba* nur eine statt zwei Schrägadern im Hinterflügel zuschrieb." Und Lichtenstein bemerkt in einem Schreiben vom 29. Juni: „Hier sind unsere *Tetraneura,* sowohl *ulmi* als *alba,* wahre *Tetraneura,* ohne Gabel an den Vorder- und mit einer Schrägader an den Hinterflügeln." — Auch ich habe bei Bearbeitung meiner mehr erwähnten Abhandlung (worin ich vorzugsweise das Resultat meiner Beobachtungen über den Entwickelungsgang, weniger eine genaue Beschreibung und scharfe Auseinanderhaltung der Körpermerkmale der beobachteten Aphiden-Arten geben wollte) die Angabe Ratzeburg's übersehen und angenommen, dass er beiden *Tetraneura*-Arten nur e i n e Schrägader in den Hinterflügeln zuschreibe. Bei meinen vorjährigen Untersuchungen fand ich indess, als ich Präparate von Flügeln und Fühlern der *T. alba* machte, dass die Hinterflügel regelmässig zwei ganz deutlich wahrnehmbare Schrägadern hatten. was mich anfänglich veranlasste, anzunehmen, dass diese Art gar nicht zu der Gattung *Tetraneura* gehöre. Hierzu kam noch, dass auch die Fühlerbildung eine andere ist als bei *T. ulmi*, ferner die gelblichweisse Farbe aller ungeflügelten Thiere, die Körperform und Grösse derselben (sie sind alle kleiner als bei *T. ulmi*), sodann der Umstand, dass vom Urthier an bis zur geflügelten Form alle Thiere in kurzen, dichten Wollpelz gehüllt, die ausfliegenden Thiere noch ganz weiss bestäubt sind und niemals ganz rein von Staub werden, endlich der Standort, die Form und Bauart der Galle, die längere Entwicklungszeit der Thiere etc.; — alles dieses machte mich geneigt, diese Art zu der Gattung *Pemphigus* zu ziehen. Indess sind auf der andern Seite die Uebereinstimmungsmerkmale mit *T. ulmi* wieder der Art, dass ich zweifelhaft wurde. Als ich nun auch noch bei fortgesetzter Vergleichung mit *T. ulmi* in vielen Fällen eine zweite, zwar schwächere, oft auch nur angedeutete Schrägader im Hinterflügel d i e s e r Art fand und durch Zufall die erwähnte Ueberschrift im Ratzeburg'schen Werke zu Gesicht bekam, da war ich ausser Zweifel, dass beide Arten doch zusammen gehören. — Weil nun die Gattung *Pemphigus* der Gattung *Tetraneura* sehr nahe steht, und H a r t i g beide in seiner Uebersicht der Aphiden-Gattungen durch die Anzahl der Queradern in den Hinterflügeln (bei *Tetraneura* eine und *Schizoneura* zwei) unterscheidet, so könnte nunmehr, um beide auseinander zu halten, gesagt werden: *Tetraneura:* Unterflügel mit meistens zwei Queradern, welche ziemlich weit von einander g e t r e n n t und von der Randader e n t f e r n t entspringen (Fig. 22 und 23). *Pemphigus:* Unterflügel mit zwei Queradern, welche d i c h t neben einander a n der Randader entspringen (Fig. 24).

Gerade zu der Zeit, als ich mit diesem Gegenstand beschäftigt war, überschickte mir Dr. L ö w einen besonderen Abdruck eines von ihm verfassten und in den Verhandlungen der k. k. zoolog.-botan. Gesellschaft in Wien veröffentlichten Artikels „Zur näheren Kenntniss zweier *Pemphiginen*", in welchen er *Tetraneura alba Ratzb.* und *Schizoneura compressa Koch* behandelt. Ich halte es wegen des in Rede stehenden Gegenstandes, und weil es sich dabei um öffentliche Aufklärung von Irrthümern und Beseitigung von Missverständnissen handelt, für nöthig, etwas näher auf den Inhalt dieser Abhandlung hier einzugehen. L ö w sagt auf S. 2: „Ueber *Tetraneura alba* Rtzbg. erschien im vorigen Jahre, also erst in der neuesten Zeit eine Mittheilung von Bedeutung, welche aus der Feder des Dr. H. F. K e s s l e r hervorging und die kärglichen Angaben Ratzeburg's über diese Art*) in jeder Hinsicht ergänzt. Dr. Kessler zog nämlich auch die *T. alba* in den Kreis seiner über die Aphiden des Ulmenbaumes angestellten, äusserst sorgfältigen Beobachtungen, deren Resultate er unter dem Titel: „Die Lebensgeschichte der auf *Ulmus campestris* L. vorkommenden Aphidenarten und die Entstehung der durch dieselben bewirkten Missbildungen auf den Blättern" in dem Jahresberichte des Vereins für Naturkunde zu Cassel 1878 veröffentlichte."

„In dieser Publication stellt Kessler die *Schizoneura compressa* Koch als Synonym zu *Tetraneura alba* Rtzb., was um so überraschender ist, als von Koch (l. c.) unter dem ersteren Namen ein Insect beschrieben und abgebildet wurde, welches thatsächlich alle Charaktere einer echten *Schizoneura* an sich trägt. Da ich beide Arten und ihre Gallen durch Autopsie kenne, so muss ich das Zusammenziehen derselben als einen Irrthum bezeichnen, den ich mir nicht anders zu erklären vermag, als dass Kessler sich entweder durch Kaltenbach, welcher (Pflanzenfeinde p. 540) die *Schiz. compressa* mit einem Fragezeichen zu *T. alba* zieht, zur völligen Identificirung derselben verleiten liess, oder dass die oben besprochenen mangelhaften Angaben Koch's über die Galle und das Vorkommen seiner *Schiz. compressa* ihn hiezu veranlassten. Die beiden in Rede stehenden Pemphiginenarten können also schon deshalb nicht identisch sein, weil die eine zur Gattung *Schizoneura*, die andere zur Gattung *Tetraneura* gehört."

Ich schrieb darauf an Herrn Dr. Löw Folgendes: „Dass in meiner vorjährigen Abhandlung *Schizoneura compressa* Koch als synonym zu *Tetraneura alba* Ratzb. steht, hat seinen Grund in einer Uebereilung bei der Correctur des Druckbogens, wobei ich übersehen habe, dass das von Kaltenbach vor *Schizoneura compressa* gesetzte Fragezeichen vom Setzer weggelassen worden war. Ich habe nur (wie Sie in Ihrer Mittheilung „zur näheren Kenntniss zweier *Pemphiginen*" ganz richtig schliessen, durch Kaltenbach veranlasst) die beiden Namen neben einander geschrieben, um Andern, welchen das dazu erforderliche Material zu Gebote steht, zur näheren Prüfung der Sache Gelegenheit zu geben: was nun auch von Ihnen geschehen ist. Dass ich selbst aber beide Arten für nicht identisch halte, geht ja aus meiner Beschreibung von *T. alba*, insbesondere aber aus der Anmerkung auf S. 9 meiner Abhandlung hervor." Diese Anmerkung lautet: „Zur Beschreibung seiner *Schizoneura compressa* p. 267 scheint Koch, was die Färbung des Thieres anbelangt, ein solches beschrieben zu haben, welches kurz vorher die Galle verlassen hat, also noch mit Staub bedeckt war; denn die von demselben den Fühlern, Beinen und Flügeln beigelegten besonderen Merkmale fallen weg, wenn der weisse Staub von diesen Theilen entfernt ist. Die sonstige Beschreibung

---

*) Ratzeburg's Forstinsekten III. Theil. 1844, p. 222 Nr 34, Taf. XIII. Fig. 3.

der Fühler und Flügel und die dazu gegebene Abbildung Tafel XLVIII Fig. 341 passt auch nicht auf die von mir beobachteten Exemplare von *Tetraneura alba Ratzb.*" — Darauf antwortete mir Löw: „Entschuldigen Sie vielmals, dass ich Ihren in der Anmerkung auf Seite 9 Ihrer Abhandlung ausgesprochenen Zweifel in Betreff der Identität der *T. alba* und *Schizoneura compressa* übersehen habe." — Löw's ganze Auseinandersetzung ist also, soweit sie meine Abhandlung betrifft, von vorne herein auf einem Irrthum aufgebaut und deshalb hinfällig. Ob er diesen Irrthum auch in den Verhandlungen der k. k. zoolog.-botan. Gesellschaft in Wien kundgegeben hat, ist mir bis hierher noch nicht bekannt geworden.

Auf Seite 4 seiner Abhandlung führt er ferner Folgendes an: „In den Annals and Magaz. of Nat. Hist., ser. 1, Vol. II., 1839, p. 189 wurde von Haliday*) eine Ulmenblattlaus wie folgt beschrieben: *Eriosoma pallida*, Curtis, guide, App. 279.**) This species, like *E. ulmi-gallarum*, inhabits the leaves of the mountain elm; its follicles are more solid and imbedded in the leaves near the base of the midrib, not clavated on a footstalk. The apterous female is white. The follicles burst about the beginning of August. The society is then very numerous, and the farinose secretion more abundant than in the former species. The winged insects are glossy bluish black, with the legs rather paler : collar dirty yellow, with a dusky transverse line: a row of lateral dots on the abdomen and its underside are greenish yellow, as also the promuscis. The nervures of the upper wings nearly as in *E. ulmi-gallarum* but the lower have two nervures (in place of one) springing from the subcostal. The joints of the antennae are of different proportions, the sixth being rather longer than the fifth.

Diese Beschreibung passt mit Ausnahme der Nervenzahl der Hinterflügel, sowohl hinsichtlich des Insekts als auch der Galle desselben genau auf *Tetraneura alba Rtzbg.* und es stünde somit der Identificirung dieser letzteren mit *Eriosoma pallida Hal.* nur der Umstand im Wege, dass Haliday bei seiner Art zwei Schrägadern im Hinterflügel angibt. Nachdem er aber ausdrücklich sagt, dass die Nervation ihrer Vorderflügel mit der von *Tetraneura ulmi Geoff.* (= *Aphis gallarum-ulmi Deg.*) übereinstimmt, so dürfte seine Angabe über die Hinterflügel höchst wahrscheinlich auf einem Versehen beruhen, indem er etwa eine zufällige Flügelfalte für die zweite Schrägader hielt. Wenn sich dies wirklich so verhält, was ich schon deshalb nicht bezweifle, weil die Beschreibung, welche Haliday von der Galle seiner *E. pallida* gibt, genau auf

---

*) Haliday's bezügliche Publication führt den Titel: „New British Insects, indicated in Mr. Curtis guide." (Ann. Mag. of Hist. ser. 1, Vol. II, 1839, p. 112—121 und 183—190).

**) John Curtis, A guide to an arrangement of British Insects, printed on one side for labeling cabinets London, 2. Edit. 1837. (Enthält keine Beschreibung der *Eriosoma pallida*).

die Galle von *T. alba* Rtzbg. passt, dann sind diese beiden Arten identisch und daher in eine zu vereinigen, welche in Zukunft Haliday's Speciesnamen zu führen hätte, weil dieser als der ältere die Priorität hat. Da das von Samouelle*) 1819 aufgestellte Genus *Eriosoma* wegen seiner ungenügenden und auch viel zu weiten Begrenzung von den späteren Autoren nicht beibehalten wurde, so muss auch bei der in Rede stehenden Art der alte Genusname *Eriosoma* durch den neueren ersetzt werden und ihr Name daher in Hinkunft lauten: *Tetraneura pallida Hal.* (= *T. alba Rtzbg.*)" Nachdem nun Löw einige Exemplare von *T. alba* von mir erhalten hatte, „die ersten, welche er von dieser Art gesehen", sagt er in seinem Antwortschreiben: „Nunmehr ist die Wahrscheinlichkeit, dass diese Art mit Haliday's *Eriosoma pallida* identisch sei, zur Gewissheit geworden, und sie muss daher nach dem Prioritätsrecht *Tetraneura pallida Haliday* genannt werden."
— Ich kann mich indess dieser Ansicht nicht anschliessen. Wenngleich auch Haliday's Beschreibung der Galle und des Geäders in den Vorderflügeln, auch wohl der Fühler auf *T. alba Ratzb.* passt, so sind doch die übrigen Körpermerkmale (welche Löw übrigens bei seiner Annahme ganz unberücksichtigt gelassen hat) bei beiden Arten so verschieden, dass ich dieselben nicht für identisch halten kann. Ein schmutzig gelbes Halsstück *(collar)* mit einer dunkelen Querlinie, eine Reihe grünlichgelber Seitenpunkte am Abdomen und dessen Unterseite, und ein ebenso gefärbter Schnabel *(promuscis)*, alle diese Merkmale sind bei *T. alba* nicht vorhanden, der ganze Körper ist vielmehr schwarz, bezw. schwarzgrau; auch entspringen bei derselben die zwei Nervenstränge der Unterflügel nicht an der Unterrippenseite *(subcostal)* (Unterrandader), sondern entfernt davon. Behalten wir deshalb *Tetraneura alba Ratzb.* bei.

---

*) George Samouelle hat in seinem in London 1819 erschienenen Schriftchen: „The Entomologist's useful compendium" p. 232 das Genus *Eriosoma* (Leach Mss.) aufgestellt, demselben aber so weite Grenzen gezogen, dass in demselben eine grosse Anzahl sehr verschiedener Aphidenspecies, welche alle einen in wollige Secretion gehüllten Leib haben, Aufnahme fand. Alle diese Arten wurden später nach und nach in den Gattungen der drei Subfamilien *Lachninae, Pemphiginae* und *Chermesinae* untergebracht, wodurch das Genus *Eriosoma* bedeutungslos geworden und vollständig eingegangen ist.

Erklärung der Figurentafeln.

Tafel I.

Entwickelungsformen von Tetraneura ulmi L.

Figur 1 Ulmenblatt mit Gallen.
" 2 das überwinterte Ei.
" 3 das dem Ei entschlüpfte ungeflügelte Thier (Urthier).
" 4 bis 7 dasselbe Thier nach der ersten, zweiten, dritten und vierten Häutung.
" 8 das vom Urthier (Fig. 7) zur Welt gebrachte Thier, welches in Eiform a geboren wird, die Eihaut bald abstreift und dann in der Form b erscheint.
" 9 bis 11 dasselbe Thier nach den einzelnen Häutungen.
" 12 das nach der vierten Häutung erscheinende erste geflügelte Thier.
" 13 ein Fühler desselben.
" 14 das vom ersten geflügelten Thier (Fig. 12) in Eiform a geborene, ungeflügelte Thier b.
" 15 bis 22 die muthmasslichen Entwickelungsformen dieses Thieres, welche mit der zweiten geflügelten Form 23 in demselben ♃ endigen.
" 24 und 25 die von dem zweiten und in Eiform geborenen, ungeflügelten Thiere. Fig. 24 das Männchen, 25 das Weibchen, welches ein Ei in sich birgt. Dieses Ei überwintert, von dem Mutterkörper umgeben, in den Rindenrissen der Ulme, und aus ihm (Fig. 2) kommt im Frühjahr das Urthier.

Tafel II.

Entwickelungsformen von Tetraneura alba Ratzbg. und Schizoneura ulmi L.

Figur 1 Ulmenblatt mit einer Galle von *Tetraneura alba*.
" 2 a überwintertes Ei, b Urthier.
" 3 bis 6 dasselbe Thier nach den einzelnen Häutungen.
" 7 das vom Urthier in Eigestalt a geborene Thier b.
" 8 bis 10 dasselbe Thier nach den einzelnen Häutungen.
" 11 das nach der vierten Häutung erscheinende erste geflügelte Thier.
" 12 ein Fühler desselben.
" 13 das von dem ersten geflügelten Thier in Eiform a geborene Thier b.
" 14 die in demselben Jahre erscheinende zweite geflügelte Thierform.
" 15 und 16 die von dieser Form in Eigestalt erzeugten, geschlechtlich getrennten, ungeflügelten Thiere. Fig. 15 Männchen, 16 Weibchen, welches auch das überwinternde Ei (Fig. 2 a) in sich trägt.
" 17 ein auf der einen Hälfte nach unten umgerolltes Ulmenblatt.
" 18 zweite geflügelte Form von *Schizoneura ulmi L.*
" 19 ein Fühler desselben.
" 20 und 21 die von der zweiten geflügelten Form in Eigestalt geborenen, geschlechtlich getrennten, ungeflügelten Thiere. Fig. 20 Männchen, 21 Weibchen mit dem überwinternden Ei im Innern.
" 22 Hinterflügel von *Tetraneura ulmi*.
" 23 " " *alba*.
" 24 " " *Pemphigus bursarius L.*

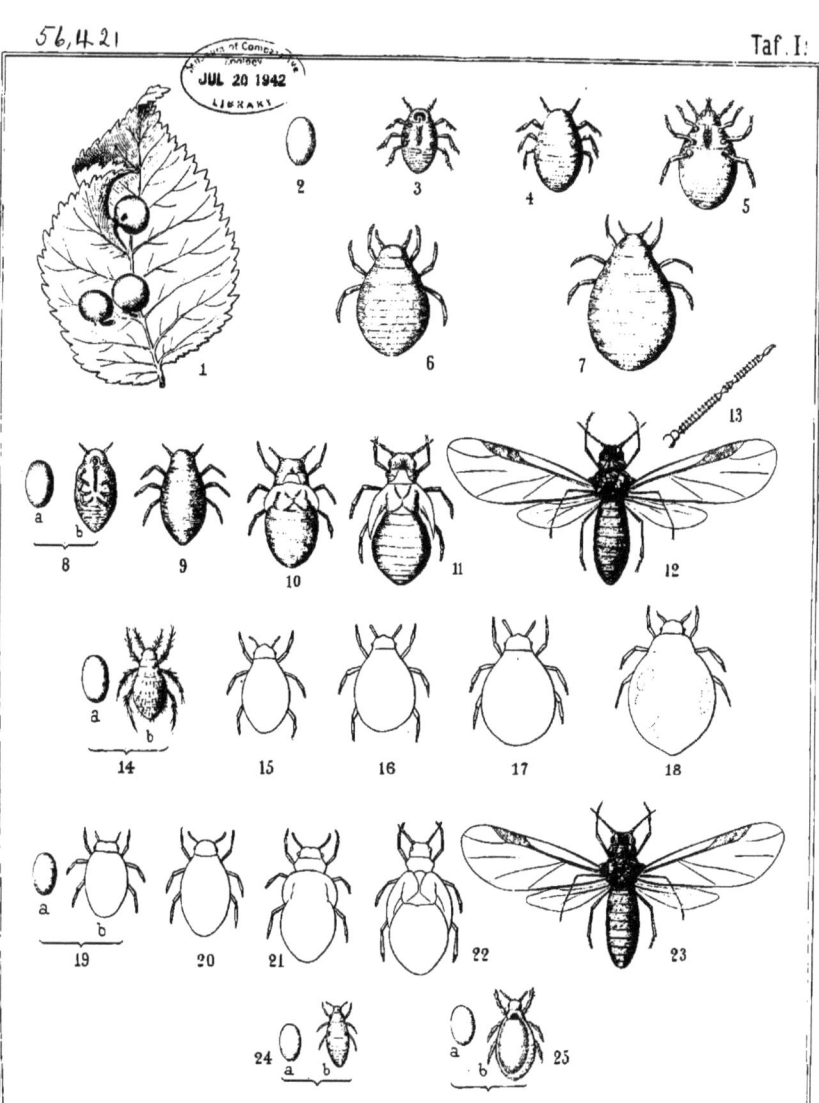

Taf. I.

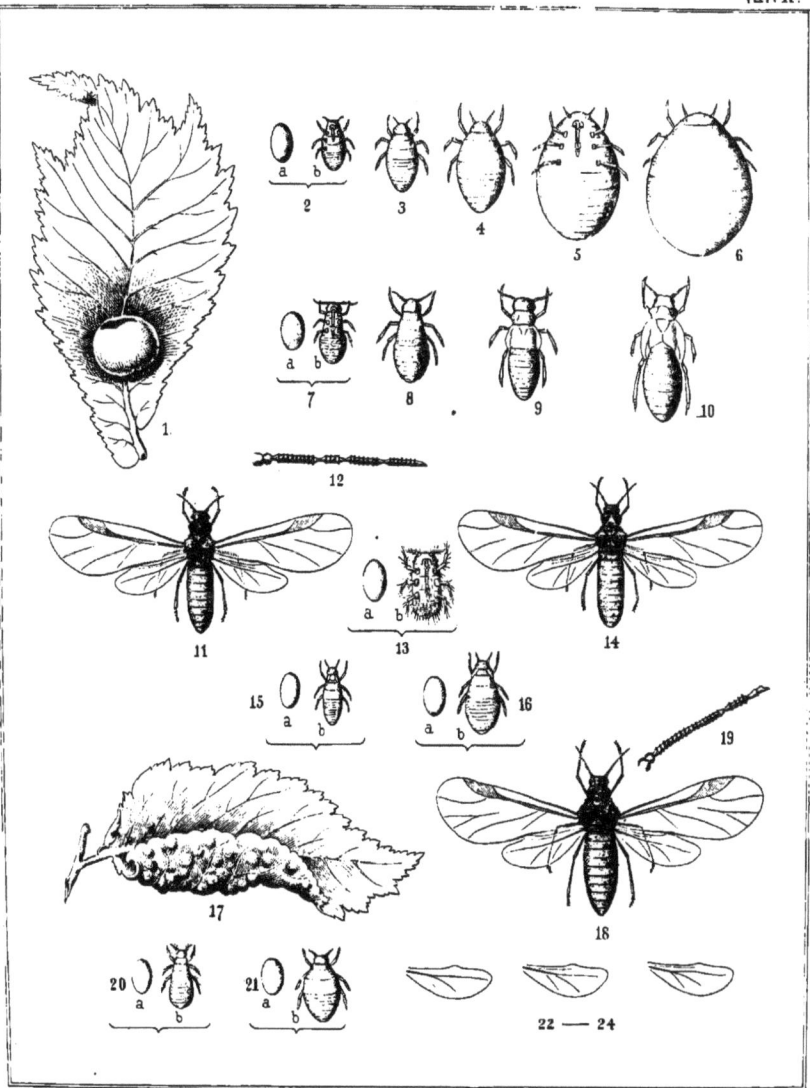

Taf. II.

Lithogr. Anst. v. Karl Dietz, Cassel.

Die Mollusken-Fauna von Cassel

von

F. H. Diemar.

In den nachfolgenden Zeilen werde ich bemüht sein, möglichst gewissenhaft zu berichten, welche Schnecken und Muscheln in der Umgebung Cassels und an einigen anderen Punkten des Regierungs-Bezirks lebend anzutreffen sind. Dabei stütze ich mich auf das von mir seit einer Reihe von Jahren zusammengetragene Material. Die Literatur der Neuzeit hat auf diesem Gebiete der Naturwissenschaft viele schöne und gute Werke und Schriften gebracht, deren Preis die Möglichkeit einer theilweisen Beschaffung schon zulässt, so dass der Sammler heute bei einigem Fleisse sich leicht über die Fortschritte der Forschungen in der Conchyliologie zu unterrichten vermag. Wo mir aber dennoch die Bestimmung des Gefundenen zweifelhaft erschien, habe ich mir die Ansichten bekannter Autoritäten eingeholt. In dieser Hinsicht bin ich ganz besonders Herrn S. Clessin in Ochsenfurt und Herrn Dr. O. Boettger in Frankfurt a. M. zu grossem Danke verpflichtet.

Weiter glaubte ich meiner Arbeit dadurch zu nützen, dass ich die Resultate meines Sammelns und die dabei gemachten Beobachtungen vergleiche mit den Aufzeichnungen älterer Sammler, welche sich um dieselbe Localfauna bemühten. Da bin ich nun freilich in der glücklichen Lage, in erster Linie einen rühmlichst bekannten Vorgänger in Carl Pfeiffer zu haben, dessen vorzügliches Werk „Naturgeschichte deutscher Land- und Süsswasser-Mollusken" mit nach der Natur gezeichneten vortrefflichen Abbildungen, in den Jahren 1821—1825 in drei Abtheilungen erschienen ist und wohl den meisten Malakologen bekannt sein dürfte. — Ferner befindet sich in der Bibliothek des Vereins für Naturkunde dahier ein Manuscript: „Systematische Uebersicht der sich circa vier Stunden im Umkreis von Cassel vorfindenden Schnecken und Muscheln", dessen Verfasser J. S. Ritzmann schon im fünften Jahrgang der Zeitschrift für Malakozoologie, gelegentlich eines Artikels „Geographische Uebersicht der um die Mollusken-Fauna

Deutschlands verdienten Schriften, Kenner und Sammler" von Dr. K. Th. Menke eine lobende Erwähnung findet. — Auch in den umfangreichen Schriften des Altmeisters der Heliceenkunde, Dr. L. Pfeiffer, fand ich, soweit mir dessen Werke bis jetzt zugänglich waren, viele Bemerkungen über hiesige Funde und Beobachtungen eingestreut, so dass ich wohl mit Recht sagen darf, es ist eigentlich classischer Boden für die deutsche Schneckenkunde, auf dem ich gesammelt habe.

I. Classe: Gasteropoda. Schnecken.

Familie Arionidae.

Hiervon habe ich bis jetzt an den geeigneten Fundorten nur
Arion empiricorum Férussac,
„   subfuscus Draparnaud,
„   hortensis Fér.
und Limax agrestis Linné
beobachtet, welche auch C. Pfeiffer als hier vorkommend aufführt, während bei Ritzmann A. hortensis fehlt; ich glaube jedoch, dass diese Liste der Nacktschnecken noch der Ergänzung bedarf.

Familie Testacellidae.

Daudebardia rufa Fer.
Syn. *Helicophanta rufa* C. Pfr. Abth. 3. pag. 13. Taf. 4. Fig. 4. 5.
Helix rufa Drp. bei Ritzm.

Im Jahre 1852 habe ich diese Schnecke östlich von Cassel am Abhang des Wolfsangerwaldes in einem verlassenen, wieder halb mit Gestrüpp verwachsenen Sandsteinbruch lebend gefunden. Das kleine Gehäus von typischer Form befindet sich noch heute in meiner Sammlung. Späteres Suchen an diesem Ort blieb ohne Erfolg; dagegen fand ich sie auf der entgegengesetzten Seite der Stadt im Ahnathal, wo dieselbe auch heute noch lebend anzutreffen ist. Beide Fundorte sind Buchenwaldungen, was mit der von Dr. L. Pfr. in Wiegm. Archiv Jahrg. 7, pag. 216 ausgesprochenen Ansicht, dass die rufa nur in Buchenwäldern dahier vorkomme, übereinstimmt. Auch der von C. Pfr. und Ritzm. angegebene Fundort, Gipfel des Schöneberg bei Hofgeismar, wo sie von Hrn. Hofrath Sandrock seiner Zeit entdeckt wurde, ist mit Buchen bewaldet. Leider bin ich bis jetzt an diesen Ort noch nicht gekommen, doch hoffe ich demnächst darüber berichten zu können, ob dieselbe dort noch lebt.

Daudebardia brevipes Fer.
Syn. *Helicophanta brevipes* C. Pfr. Abth. III. pag. 12. Taf. 4. Fig. 1—3.
Helix brevipes Drp. bei Ritzm.

Im vergangenen Herbst habe ich diese zum erstenmal dahier und zwar in Gesellschaft der folgenden Art in mehreren Exemplaren auf der Höhe des Wurmbergs und im Ahnathal gefunden. Beide Fundorte liegen im Habichtswald, dem westlich von Cassel gelegenen Höhenzuge, an welchem die Wilhelmshöhe liegt. Derselbe besteht seiner Bodenbeschaffenheit nach aus Muschelkalk, Basalt, Basalttuff und tertiären Gebilden und erreicht in seiner höchsten Erhebung eine Höhe von 595 m über der Ostsee. Unter abgestorbenem Buchenlaub fand ich die kleinen Schnecken auf Basaltuntergrund am Wurmberg, und auf Kalkboden im Ahnathal. C. Pfr. und Ritzm. haben die brevipes nur von Hofgeismar erhalten, wo sie mit rufa vergesellschaftet gefunden wurde. Dr. L. Pfr. dagegen sagt in Wiegm. Arch. an obiger Stelle, dass er die in Deutschland viel seltenere brevipes bei Cassel nur einmal in einem Eichenwald gefunden habe.

Daudebardia hassiaca Clessin. n. sp.

Malakozoologische Blätter für 1878. Seite 94 Diagn. Taf. 5. Fig. 7 Abbild.

An verschiedenen Punkten des Habichtswaldes hatte ich kleine Daudebardieen an sehr feuchten, schattigen Orten unter todtem Laub gefunden, deren Unterbringung unter die beiden vorhergehenden Arten mir gar nicht gelingen wollte. Ich sandte dieselben daher an Clessin, und dieser erkannte denn auch eine neue Art darin, welche er hassiaca nannte. Sie ist die hier am häufigsten vorkommende Form und ich besitze sichere Exemplare von den nachstehenden, im Habichtswald gelegenen Fundstellen: bei den grossen Klippen am Brasselsberg, bei Felseneck, auf dem Wurmberg, im Forst bei Kirchditmold und auf der Firnskuppe.

Familie Helicidae.

Vitrina pellucida Müller.

Syn. *Vitrina beryllina* C. Pfr. Abth. I. pag. 47. Taf. 3. Fig. 1.
" " " bei Ritzm.
" *pellucida* M. L. Pfr. Monogr. Hel. II. 492. Diagn. Spec. hass.

Diese gesellig an feuchten, kühlen Orten lebende Schnecke kommt hier sowohl auf kalkigem, als auch auf basaltigem Boden vor. Im Stadtwäldchen ist sie heute noch auf denselben Stellen anzutreffen, wo ich sie schon vor 25 Jahren gefunden habe. Dagegen ist es mir nicht gelungen, ihr Vorkommen noch an dem von C. Pfr. als besonders ergiebigen Fundort angegebenen Bellevuegarten nachzuweisen. Für einen Theil des Ortes liesse sich wohl die Erklärung dieses Umstandes in den vielfachen Umwandlungen desselben finden, aber in dem unverändert gebliebenen Theile fand ich sie auch nicht mehr. Dagegen traf ich sie auf dem Häuschensberg, Schartenberg, in Wilhelmsthal und im Habichtswald. Im Langenberg, an einer Stelle, wo die Einbeere (Paris quadrifolia L.) in vielen Exemplaren stand, hing die glänzende Schnecke in Menge an der Unterseite der Blätter fast jeder dieser Pflanzen.

Vitrina diaphana Drap.

Syn.: *Vitrina diaphana* C. Pfr. Abth. I, pag. 48. Taf. 3. Fig. 2.
" " *Drap.* bei Ritzm.

Das Vorkommen derselben war mir nur durch das Auffinden einiger verlassener Gehäuse im Ahnathal bekannt, bis ich im letzten August dieselbe lebend in vielen Exemplaren auf der Lückenrother Wiese antraf. Diese Wiese liegt am Fusse des Habichtswaldes und ist auf drei Seiten von Buchenwald umgeben; ein kleiner Bach fliesst über dieselbe hinweg. Der starke Regen des vorhergehenden Tages hatte aus dem höher gelegenen Walde eine Menge Genist heruntergespült, welches der Bach mit sich führend an einer Stelle der Wiese wieder abgesetzt hatte. In diesem Waldgenist, das meist aus Blättern bestand, fand ich die noch jungen Thiere mit erst zu $^2/_3$ ausgebildeten Gehäusen lebend. Im kommenden Frühling hoffe ich den Wohnort der Thiere zu entdecken und fertige Gehäuse zu bekommen.

Carl Pfeiffer hat bei Cassel diese Schnecken nicht gefunden, und Ritzmann will nur einzelne im Bellevue-Garten angetroffen haben; auch führen Beide dann noch die Vitr. elongata als hier vorkommend auf. C. Pfr. hat in Gesellschaft der pellucida die elongata, und Ritzm. die diaphana im Bellevue-Garten gefunden; Beiden wird aber wohl nur pellucida jun. vorgelegen haben. Der Ritzm.'sche Fundort für elongata, Berg neben dem Renthof, hat aber wohl niemals die Lebensbedingungen für diese Schnecke aufzuweisen gehabt. — Dr. L. Pfr. bringt die Diagnosen, Monogr. Hel. viv. Pag. 494, 495.

Hyalina cellaria Müller.

Syn.: *Helix cellaria* C. Pfr. Abth. I. pag. 42. Taf. 2. Fig. 29. 30.
" " *Müller* bei Ritzmann.

Es lässt sich wohl sagen, dass sie häufig, doch meistens immer nur in einzelnen Exemplaren zu finden ist; sie lebt gern verborgen unter Steinen und Laub, sowohl im Wald wie auch in Gärten und an altem Gemäuer. Schöne grosse Stücke fand ich bei der Löwenburg zu Wilhelmshöhe, im Ahnathal, in der Carlsaue, am Stahl- und Staufenberg, in Wilhelmsthal, auf dem Schartenberg, dem Hanstein und der Boineburg. — Diagn. Dr. L. Pfr. Mon. Hel. viv. I. Pag. 111.

Hyalina nitens Michaud.

Wahrscheinlich haben C. Pfr. und Ritzm. diese Schnecke hier auch gefunden, sie aber von der vorhergehenden nicht getrennt, wie überhaupt noch viele Autoren sie für eine rein südliche Form halten. Auch Dr. L. Pfr. scheint diese Ansicht gehabt zu haben, denn im 5. Jahrgang der Zeitschrift für Malakozoologie, in einem Aufsatz über die geographische Verbreitung der Heliceen, führt er H. nitens Mich. als eine südliche Form auf, und in seiner Monogr. Hel. I. Pag. 92, wo er die Diagnose derselben bringt, fehlt Deutschland unter den Fundorten. Die von mir im Habichtswald und auf dem Schartenberg gefundenen Exemplare hatte Herr Dr. O. Boettger in Frankfurt a. M. die Güte nachzusehen, und erklärt er sie für sichere nitens Mich., wie auch derselbe im Nachrichtsblatt der Deutsch. Malakoz. Gesellsch. vom Sept. v. J. deren Vorkommen in typischer Form im Schlossparke zu Falkenberg bei Homberg a. d. Efze constatirt hat. Difficil wird freilich diese Schnecke für die hiesige Gegend immer bleiben, weil deren Erkennen und Trennen von Hyal. cellaria M. und nitidula Drap. stets vollständig ausgebildete Gehäuse voraussetzt.

Hylina nitidula Drap.

Auch diese Art hat C. Pfr. mit cellaria zusammen gefasst, wie aus der Anmerkung auf Seite 45 im 1. Theil der Naturgeschichte hervorgeht, wo er sagt, dass er die nitidula Drap. nur für eine durch Altersverschiedenheit hervorgebrachte Abart der H. cellaria halte. Seine Helix nitidula ist die nachfolgende Art. Dr. L. Pfr. bringt die Diagnose der nitidula Drap. in Monogr. Hel. I. Pag. 93, ohne dass er dabei angibt, wo diese bei C. Pfr. zu finden sei. Ihre Fundorte dahier sind zahlreich, doch beschränken sich dieselben fast ausschliesslich auf den Wald, wo diese Schnecke unter Moos und abgestorbenem Laube lebt. Ich fand sie auf vielen Punkten des Habichtswaldes, in Wilhelmsthal, auf der Firnskuppe, dem Schartenberg, dem Stahl- und Staufenberg, auch auf der Boineburg.

Hyalina pura Alder.

Syn.: *Helix nitidula* C. Pfr. Abth. I. pag. 45. Taf. 2 Fig. 35.

Die an dieser Stelle von C. Pfr. gebrachte Beschreibung, wie auch die Abbildung, stimmt genau auf H. pura Alder; auch auf den angegebenen Fundstätten lässt sich dieselbe noch heute finden. Dazu kommt, dass Dr. L. Pfr. die Original-Exemplare seines Onkels sicher gekannt hat, als er die Diagnose, Monogr. Hel. I. Pag. 95 schrieb, welche auch obige Synonymie bestätigt. Die kleinen Hyalinen habe ich meistens erhalten durch Aussieben des abgestorbenen Laubes in unseren reichen Buchenwäldern und dabei zuweilen auch neben dieser die nachfolgende Art bekommen. Durchaus nicht selten sind albine Stücke in typischer Form, wie auch die als lenticularia Held. vielfach aufgeführten von hornbrauner Farbe.

Meine hauptsächlichen Fundorte ausser dem Habichtswald, wo sie überall anzutreffen ist, waren bis jetzt Schartenberg, Hangarstein und Weidelsburg.

Hyalina hammonis Ström (= radiatula Gray).

Syn.: *Helix nitidula* C. Pfr. Abth. I. pag. 45. Taf. 2. Fig. 35.

Es ist wohl anzunehmen, dass C. Pfr. auch diese wie die vorige gefunden hat, da sie, wenn gleich seltener an Zahl, doch noch mehr Fundstellen aufweisen. Ich fand sie ausser an den Fundorten der vorhergehenden Art noch auf dem Bilstein bei Grossalmerode, bei Heiligenrode, auf dem Häuschenberg, im Stadtwäldchen und zu Schönfeld, an welchen Stellen ich bis jetzt die pura noch nicht gefunden habe.

Die grünliche, glashelle Varietät petronella Char. fand ich an einer sehr sumpfigen Stelle im Habichtsbühl. Dr. L. Pfr. bringt die Diagnose der hammonis in Mon. Hel. I. pag. 96 als radiatula; später führt er sie unter dem Namen des norwegischen Pfarrers Ström auf, der sie schon im Jahre 1765 beschrieb und abbildete. Ueber die Frage, ob die petronella nicht als eine gute Art betrachtet werden müsse, habe ich mir noch keine Ansicht bilden können, ich folge hierin Clessin, der sie als Varietät aufstellt.

Hyalina crystallina Müller.

Syn.: *Helix crystallina* C. Pfr. Abth. I. pag. 46. Taf. 2. Fig. 36.
" " *Drap.* bei Ritzm.

Sie gehört der Individuenzahl nach bei uns zu den wenig häufig vorkommenden Arten; meine Exemplare sind meistens von nicht sehr feuchten Fundstätten und daher oft recht klein davongekommen. Zuweilen habe ich aber einige Stücke aus einem Graben oder Bach mit aufgefischt, welche wohl einen für die Entwicklung dieser Thiere günstigeren Wohnplatz inne gehabt haben müssen, denn fast regelmässig waren deren Gehäuse viel grösser und mit viel weiteren Umgängen.

Die von C. Pfr. und Ritzm. angegebenen Fundorte hatte ich noch keine Gelegenheit zu besuchen; dieselben sind nicht in nächster Nähe Cassels (Ruine Linsing bei Jesberg und Malsburg bei Zierenberg). Ich fand diese Schnecke zu Schönfeld, im Stadtwäldchen, auf dem Gudenberg, Baunsberg, Bilstein bei Grossalmerode, Firnskuppe, Weidelsberg und an vielen Stellen im Habichtswald. — Die Diagnose Dr. L. Pfr.'s steht Mon. Hel. I. Pag. 59.

Hyalina diaphana Studer.

Syn.: *Helix hyalina* Fer. Dr. L. Pfr. Mon. Hel. viv. I. pag. 59. Diagn.

Nur einmal war ich bis jetzt so glücklich, diese hier äusserst seltene Schnecke in zwei guten Exemplaren zu finden. Es war dies am Wilhelmshöher Bachborn, wo ich sie im Schlamme des von der Höhe kommenden Waldbaches fand.

Hyalina fulva Müller.

Syn.: *Helix fulva* C. Pfr. Abth. I. pag. 23. Taf. 2. Fig. 2.
" " *Drap.* bei Ritzm.
" " *Müller.* Dr. L. Pfr. Mon. Hel. I. Pag. 30. Diagn.

Sie ist, im Gegensatz zu der vorhergehenden, in allen Laubwäldern der Umgegend anzutreffen. — Wo ich auch noch mit dem Sieb sammelte, fand ich die fulva, wohl nicht in grosser

Anzahl, aber doch immer in einigen Exemplaren. Auch an den von C. Pfr. und Ritzm. genannten Fundorten, Anlagen zu Wilhelmshöhe und Firnskuppe, lebt sie noch heute; ausserdem aber traf ich sie an allen bisher genannten Orten.

Zonitoides nitida Müller.

Syn.: *Helix lucida* C. Pfr. Abth. I. pag. 35. Taf. 2. Fig. 29.
" " *Drap.* bei Ritzm.

Die Worte Ritzmanns, welcher in Betreff des Vorkommens dieser Art sagt: „Um Cassel sparsam", treffen noch heute zu, dagegen passt der Fundort C. Pfeiffers, der von ihm so viel genannte Bellevuegarten, fast gar nicht zu der Lebensweise dieser Schnecke. Hätte nicht Dr. L. Pfr. in Mon. Hel. III. Pag. 88, wo er die Diagnose der nitida Müller bringt, auch die Synonymie dieser mit der lucida C. Pfr., so würde ich dieserhalb einigermassen in Zweifel gekommen sein. Von mir wurde sie immer nur an sehr wasserreichen Orten gefunden, ja häufig sogar in Sümpfen selbst, in die sie gerathen war und sich an Holzstücken und dergleichen gerettet hatte, so in der Carlsaue beim Thiergarten, und an dem Teich vor Kirchditmold, wie auch auf der Lückenrother Wiese und bei der vormaligen Pulvermühle.

Helix rotundata Müller.

Syn.: *Helix rotundata* C. Pfr. Abth. I. pag. 44. Taf. 2. Fig. 33. 34.
" " *Müller* bei Ritzm.
" " *M.* Dr. L. Pfr. Mon. Hel. I. pag. 105. Diagn.

Die Gruppe Patula Held hat dahier zwei Repräsentanten, diese und die folgende Art, die beide sehr häufig sind. Die rotunda fand ich bis jetzt noch fast an allen den Orten, wo ich sammelte; es scheint, als wenn es ihr ganz besonders leicht würde, den Lebensunterhalt zu finden, und selbst beim grössten Kalkmangel des Bodens doch immer reichlich so viel zu bekommen, um ihr Haus bauen zu können. Farblose Gehäuse kommen auch hier vor, doch sind diese nicht häufig.

Helix pygmaea Drap.

Syn.: *Helix pygmaea* C. Pfr. Abth. III. pag. 21. Taf. 4. Fig. 20. 21.
" " *Drp.* Pr. L. Pfr. Mon. Hel. I. pag. 97. Diag.

Wegen ihrer Kleinheit scheint sie von Ritzmann übersehen worden zu sein, denn sie fehlt im Verzeichniss und Carl Pfeiffer giebt als Fundort in Hessen den Gipfel des Schöneberg bei Hofgeismar an; er selbst scheint sie demnach auch nicht gefunden zu haben. Dies ist eben nur erklärbar durch die winzige Kleinheit, denn sie lebt in allen Laubwäldern der Umgegend; wo ich auch noch mit dem Sieb gesammelt habe, und wenn die Ausbeute auch noch so gering war, die kleine pygmaea war stets in mehreren Exemplaren dabei. Ausserhalb des Waldes habe ich sie aber noch niemals lebend gefunden, weshalb ich geneigt bin anzunehmen, dass sie nur dort lebt, was nicht ausschliesst, dass sie durch Zufälligkeiten auch mal an ähnliche Orte gerathen kann.

Helix aculeata Müller.

Syn.: *Helix aculeata* C. Pfr. Abth. III. pag. 24. Taf. 4. Fig. 24. 25.
" " *Müller* bei Ritzm.
" " " Dr. L. Pfr. Mon. Hel. I. pag. 50. Diagn.

Mit dieser einzigen Art der Gruppe Acanthinula Beck., welche hier vorkommt, ist es C. Pfr. und Ritzm. nicht viel besser ergangen wie mit der vorigen; auch diese haben sie von Hofgeismar erhalten, während sie doch in allen Laubwäldern um Cassel zu finden ist. Sie lebt überall im Habichtswald, um Wilhelmsthal, im Wolfsanger- und Heiligenroder Wald, auf dem Hangarstein, der Firnskuppe und der Weidelsburg. Im Frühling, in den ersten warmen Tagen steigt sie wohl am Gebüsche in die Höhe, später aber ist sie immer nur in der todten Laubschicht zu finden.

Helix pulchella Müller.

Syn.: *Helix pulchella* C. Pfr. Abth. I. pag. 43. Taf. 2. Fig. 32.
" " *Müller* bei Ritzm.

Sie vertritt hier mit der folgenden Art die Gruppe Vallonia Risso. Nach C. Pfr. ist sie nicht selten, nach Ritzm. selten um Cassel; dieser Ansicht bin auch ich, denn in den letzten Jahren habe ich sie nur spärlich und immer nur einzeln gefunden. Es kann aber leicht vorkommen, dass nach einem starken Regen, der ein Terrain abspült, wo sie lebt, man das Glück hat, die beiden Vallonien in grösserer Zahl zusammen zu finden, wie ich dies einmal am Teich vor Kirchditmold erlebt habe, wo Wind und Wellen sie mit vielen anderen Sachen an das Ufer gespült hatten. Im Wald fand ich sie bis dahin nur einzeln im Stadtwäldchen, auf Kalkboden. Die Diagnose bringt Dr. L. Pfr. Mon. Hel. I. Pag. 365.

Helix costata Müller.

Syn.: *Helix costata* C. Pfr. Abth. I. pag. 43. Taf. 2. Fig. 31.
" " *Müller* bei Ritzm.
" " " Dr. L. Pfr. Mon. Hel. I. pag. 366. Diag.

An den von C. Pfeiffer als Aufenthalt dieser bei Cassel bezeichneten Orten, Kratzenberg, Schönfeld und Forstwiesen, habe ich dieselbe nur auf den beiden erst genannten Stellen äusserst sparsam gefunden, und dann immer nur in Gesellschaft der vorigen Art.

Helix obvoluta Müller.

Syn.: *Helix obvoluta* C. Pfr. Abth. I. pag. 41. Taf. 2. Fig. 28.
" " *Müller* bei Ritzm.
" " " Dr. L. Pfr. Mon. Hel. I. pag. 413. Diagn.

Im Nachrichtsblatt der Malak. Gesellsch. Sept. 1879 bestätigt Dr. O. Boettger das Vorkommen dieser noch heute auf der von C. Pfr. genannten Fundstätte „Falkenberg bei Homberg". Leider sind von C. Pfr. und Ritzm. die Fundorte in der Umgebung Cassels nicht näher angegeben; sie lebt hier vorzugsweise in Wäldern, unter faulendem Laub, und hauptsächlich nur auf solchen Stellen, wo der Kalk zu Tage tritt. Am Lindenberg bei Wilhelmshöhe, der Löwenburg, dem Stahlberg, Gudenberg und Schartenberg. Im Werrathal bei Witzenhausen und Wanfried, sowie auf der Boineburg habe ich sie auch gefunden.

Helix personata Lamarck.

Syn.: *Helix personata* C. Pfr. I. Abth. pag. 31. Taf. 2. Fig. 14.
„ „ *Drap.* bei Ritzm.
„ „ *Lam.* Dr. L. Pfr. Mon. Hel. I. pag. 419. Diagn.

Meistens fand ich diese in Gesellschaft der vorigen Species, so am Lindenberg, der Schartenburg und Boineburg; doch habe ich sie auch allein gefunden bei den grossen Klippen im Habichtswald, bei Landwehrhagen und im Erlenloch, unter Moos und todtem Laub. C. Pfr. sagt, dass er sie nur auf dem Stoppelsberg bei Hersfeld und Ritzm. will sie nirgends als im Ahnathal gefunden haben; am letzteren Ort lebt sie noch heute, und wahrscheinlich auch am ersteren.

Helix hispida Linné.

Syn.: *Helix glabella* C. Pfr. Abth. J. Pag. 34. Taf. 2. Fig. 16.
„ „ *sericea* „ „ I. „ 34. „ 2. „ 17.
„ „ *depilata* „ „ I. „ 35. „ 2. „ 18.
„ „ *hispida* „ „ I. „ 36. „ 2. „ 20.
„ „ *glabella Drap.*
„ „ *hispida Lin.* } bei Ritzm.

Die einzige der Gruppe Fruticicola Held., welche hier vorkommt, deren Gehäuse eine behaarte Epidermis hat, ist die hispida. Auch zur Zeit C. Pfeiffers wird es nicht anders gewesen sein; nur der bald engere, bald weitere Nabel, die gedrücktere Gestalt und deren Unbehaartheit haben ihn sicher veranlasst, die obigen verschiedenen Species hervorzurufen. Schon Dr. L. Pfr., welcher in Mon. Hel. I. Pag. 148 die Diagnose der hispida Spec. casselan. bringt, führt mit dieser als gleichbedeutend auf H. glabella und sericea C. Pfr. — H. depilata C. Pfr. hat sich als gute Art bis in die neueste Zeit gehalten, wird aber wohl jetzt auch von den meisten Autoren aufgegeben. — Der Ort, wo C. Pfr. die obigen drei Arten, und zwar nicht häufig fand, der Kratzenberg, hat inzwischen so grosse Umwälzungen erlebt, dass man heute vergebens nach Fruticicolen dort suchen würde. Mein Material, das durchaus nicht gross, weil die hispida nicht viel zu finden ist, stammt vom Schartenberg, Garenberg, aus dem Ahnathal und dem Erlenloch. An letzterem Ort fand ich sie zum erstenmal in grösserer Zahl beisammen. sitzend an Brennnesseln (Urtica urens), wobei mir auffallend erschien. dass zu Anfang September noch fast alle Gehäuse unausgebildet waren. Ritzmann, welcher seine Fundorte nicht näher bezeichnet, scheint sie auch nicht ganz häufig gefunden zu haben.

Helix fruticum Müller.

Syn.: *Helix fruticum* C. Pfr. Abth. I. pag. 23. Taf. 2. Fig. 3—5.
„ „ *Müller* bei Ritzm.

Diese Fruticicola fanden C. Pfr. und Ritzm. an dem Ufer des Zaitenbachs auf dem Kratzenberg, wo auch ich sie noch einzeln antraf; letzterer führt sie aber auch auf aus dem Ahnathal, und dort lebt sie noch heute. Dr. L. Pfr.. welcher die Diagn. in Mon. Hel. I. Pag. 135 bringt, sagt in Wiegm. Archiv 7. Jahrg. Pag. 213: „H. fruticum lebt in Steiermark vorzugsweise an den Zäunen der Felder, während sie um Cassel nur an sehr schattigen Stellen in unmittelbarer Wassernähe zu finden ist". Einen Fundort, der ganz denselben Charakter wie die in Steiermark besitzt, habe ich auch hier auf dem Kalkberg bei Heiligenrode entdeckt, wo sie in grossen, schönen Exemplaren an einem sonnigen Rain, unter Gebüschen vorkommt.

Helix incarnata Müller.

Syn.: *Helix incarnata* C. Pfr. Abth. I. pag. 33. Taf. 2. Fig. 15.
„ „ „ *Müller* bei Ritzm.
„ „ „ Dr. L. Pfr. Mon. Hel. I. pag. 138. Diagn.

Zur Gruppe der vorhergehenden gehörend, ist incarnata diejenige derselben, welche am häufigsten zu finden ist. Im ganzen Habichtswald, also auch an den von C. Pfr. und Ritzm. genannten Stellen kommt sie vor; ich besitze ausserdem Stücke von der Schartenburg, vom Garenberg, vom Stahl- und Staufenberg, aus Wilhelmsthal und dem Erlenloch. Auch bei Witzenhausen und auf der Boineburg ist sie anzutreffen, wie auch Dr. O. Boettger kürzlich im Nachrichtsbl. den schon von C. Pfr. genannten Fundort „Falkenberg bei Homberg" auf's neue bestätigt.

Helix lapicida Linné.

Syn.: *Helix lapicida* C. Pfr. Abth. I. pag. 40. Taf. 2. Fig. 26. 27.
„ „ *Linné* bei Ritzm.
„ „ „ Dr. L. Pfr. Mon. Hel. I. pag. 370. Diagn.

Diese gehört hier zu den gewöhnlichsten Vorkommnissen, in den Buchenwäldern steigt sie sowohl an Baumstämmen, wie auch an Felsen und Mauern in die Höhe, und scheint sich auf basaltigem Boden ebenso behaglich zu fühlen wie auf kalkigem. Zu Wilhelmshöhe, wo C. Pfr. und Ritzm. sie fanden, sowie im übrigen Habichtswald ist sie häufig, auch an den meisten vorgenannten Orten lässt sie sich finden, und zwar in den verschiedensten Farbenstufen, vom Albino bis zum dunkelsten Braun.

Helix ericetorum Müller.

Syn.: *Helix ericetorum* C. Pfr. Abth. I. pag. 38. Taf. 2. Fig. 23.
„ *cespitum* „ „ I. „ 39. „ 2. „ 24. 25.
„ *ericetorum Müller* bei Ritzm.
„ „ „ Dr. L. Pfr. Mon. Hel. I. pag. 163. Diagn.

Die Gruppe Xerophila Held. hat nur zwei Vertreter hier, diese und die folgende Art; beide leben auf trockenem, kalkreichem

Boden, wo man sie gewöhnlich in den verschiedensten Grössen, mit und ohne dunkele Bänder finden kann. Auf den C. Pfeiffer'schen Fundorten, Kratzenberg und Weinberg, lässt sie sich auch noch heute finden. In sehr grosser Menge traf ich sie an einem Abhang des Dörnberg, bei Helsa und bei Heiligenrode am Kalkberg. Sehr grosse Exemplare dieser Species hat C. Pfr. als H. cespitum beschrieben und abgebildet, Ritzm. führt dagegen diese Art schon nicht mehr auf.

Helix candidula Studer.

Syn.: *Helix Thymorum* C. Pfr. Abth. I. pag. 37. Taf. 2. Fig. 21. 22.
" " r. *Alten* bei Ritzm.
" *candidula Stud.* Dr. L. Pfr. Mon. Hel. I. pag. 168. Diagn.

Fast immer zusammen mit der vorigen fand ich sie stets nur auf kalkigem Untergrund, im kurzen Gras an sonnigen Rainen oder trockenen Abhängen, so bei Wolfsanger und am Lindenberg. Eine schöne Collection verschieden geformter, auch stark gebänderter Exemplare erhielt ich kürzlich aus der Gegend von Homberg a. d. Efze. Auf dem Kratzenberg, wo sie C. Pfr. und Ritzm. gefunden haben, lebt sie auch noch heute.

Helix arbustorum Linné.

Syn.: *Helix arbustorum* C. Pfr. Abth. I. pag. 24. Taf. 2. Fig. 7. 8.
" " *Lin.* bei Ritzm.
" " " Dr. L. Pfr. Mon. Hel. I. pag. 339. Diagn.

Auf der rechten Seite der Fulda, in den Gärten nahe dem Leipziger Thor, haben C. Pfr. und Ritzm. die arbustorum gefunden; dort lebt sie auch noch heute, während alle ihre Fundorte auf der linken Fuldaseite mehrere Stunden von Cassel entfernt sind: Wilhelmsthal, Ahnathal, Lindenberg vor Wilhelmshöhe, Garenberg und Weidelsburg. — So häufig wie anderwärts ist sie hier durchaus nicht, und lässt sich nie, wie schon Dr. L. Pfr. in Wiegm. Archiv Jahrg. 7. Pag. 215 mittheilt, ohne die ihr eigene dunkele Binde finden.

Helix hortensis Müller.

Syn.: *Helix hortensis* C. Pfr. Abth. I. pag. 29. Taf. 2. Fig. 12. 13.
" " *Müll.* bei Ritzm.
" " " Dr. L. Pfr. Mon. Hel. I. pag. 277. Diagn.

Die beiden Species der Gruppe Tachea sind hier sehr viel haufiger als die vorhergehende Art. Die kleinere ist diese mit dem weissen Mundsaum, die besonders viel einfarbig zu finden ist. Sieben Abarten einfarbiger Gehäuse zählt C. Pfr. auf, dabei fehlt aber die graue, wohl farblos zu nennende, welche ich vielfach gefunden habe. Ausserdem hat er noch achtzehn, sich auf die Bänderung beziehende Varietäten aufgestellt. Ritzmann hat die gleiche Anzahl Farbenabänderungen beobachtet, und bin ich überzeugt, dass in dieser Richtung keine Veränderungen mit der hortensis hier vorgegangen sind. — Eine Eigenthümlichkeit hat diese und noch die eine und andere Art hier an einzelnen Fundorten, bestehend in der grossen Dünnschaligkeit der Gehäuse und den damit verbundenen charakteristisch ausgeprägten Sculpturen ihrer Cuticula. *) Im letzten Herbst fand ich bei der Löwenburg zu Wilhelmshöhe eine Menge sehr dünnschaliger, einfarbiger Gehäuse dieser Art, während an derselben Stelle die daneben in grosser Zahl lebende H. pomatia recht starkwandige Gehäuse gebaut hatte.

Helix nemoralis Linné.

Syn.: *Helix nemoralis* C. Pfr. Abth. I. pag. 37. Taf. 2. Fig. 10. 11.
" " *Lin.* bei Ritzm.
" " *Lin.* Dr. L. Pfr. Mon. Hel. I. pag. 276. Diagn.

Eine noch weit grössere Mannigfaltigkeit bezüglich der Farbenabänderung und Bändervariationen zeigt diese Tachea mit dem dunkelbraunen Mundsaum. — C. Pfr. und Ritzm. stellen einige vierzig Abarten auf, die sich heute wahrscheinlich auch noch werden finden lassen. Nicht nur an Grösse übertrifft sie die hortensis, auch an Zahl der Individuen ist sie meiner Ansicht nach bei uns ihr überlegen.

Helix pomatia Linné.

Syn.: *Helix Pomatia* C. Pfr. Abth. I. pag. 25. Taf. 2. Fig. 9.
" *pomatia Lin.* bei Ritzm.
" " " Dr. L. Pfr. Mon. Hel. I. pag. 234. Diagn.

An vielen Orten in der Umgebung Cassels ist die Art in grossen schönen Exemplaren zu finden, auf Boden mit reichem Kalk-Gehalt immer in grösserer Anzahl als auf kalkarmem Untergrund. Eine grosse Beständigkeit ist dieser Schnecke eigen, die Gehäuse derselben, welche ich jenseits der Alpen gefunden habe, lassen sich durch Nichts von denen der hiesigen unterscheiden.**)

Buliminus tridens Müller.

Syn.: *Pupa tridens* C. Pfr. Abth. I. pag. 53. Taf. 3. Fig. 12.
" " *Brug.* bei Ritzm.
Buliminus tridens Müller Dr. L. Pfr. Mon. Hel. II. p. 129. Diagn.

Bis jetzt gehört diese einzige Vertreterin der Gruppe Chondrula Beck. zu den Seltenheiten in hiesiger Gegend, aus welcher ich nur zwei Exemplare besitze, von denen das eine am Meissner, das andere bei Wanfried im Werrathal gefunden ist. C. Pfr. hat sie hier nicht gefunden, wohl aber führt Ritzm. sie als sehr selten aus dem Ahnathal auf; vermuthlich ist der Fund Ritzm.'s das eine Stück, von dem Dr. L. Pfr. in Wiegm. Archiv 1841 sagt, dass im Jahr zuvor ein Exemplar im Ahnathal bei Cassel gefunden worden sei.

Anmerkung. In der ersten Abth. v. C. Pfr.'s Naturg. findet sich die Beschreibung und Abbildung des Bulimus radiatus mit dem Bemerken, dass

---

*) Siehe Malak. Blätt. f. 1873 Seite 143. S. Clessin, die Schnecken des Garenberges.
**) Wiegmann Arch. Jahrg. 7. 1841. Dr. L. Pfr. H. pomatia fand ich im Wesentlichen unverändert bis an die Küste des adriatischen Meeres.

Pfr. diese bei Helsa unweit Cassels gefunden habe. Auch Ritzm. führt B. radiatus Brag. an, als nur bei Kaufungen und sonst nirgends zu finden. An beiden Orten, die übrigens nahe beisammen liegen, habe ich bis jetzt vergebens gesucht, und ich glaube nunmehr, dass diese Schnecke hier ausgestorben ist. Die Diagnose Dr. L. Pfr.'s steht als Bulimus detritus in Mon. Hel. II. Pag. 222. Doch geht daraus nicht hervor, ob Stücke von hier vorgelegen haben.

Buliminus montanus Drap.

Syn.: *Buliminus montanus* C. Pfr. Abth. I. pag. 52. Taf. 3. Fig. 10.
        "   " *Drap.* bei Ritzm.
        "   "   " Dr. L. Pfr. Mon. Hel. II. pag. 120. Diagn.

In den Buchenwäldern der Umgegend hat diese Schnecke viele Fundorte, auch an denen C. Pfeiffer's und Ritzmann's lebt sie noch heute. Im Frühjahr an feucht warmen Tagen steigt sie an den Stämmen der Bäume in die Höhe, später findet man sie unterm Laub an den Wurzeln versteckt. — Im Habichtswald, am Lindenberg, dem gegenüberliegenden Forst und im Ahnathal (Ritzm.). In Wilhelmsthal und am Stahlberg. Auf dem Garenberg, Schartenberg, der Weidelsburg (C. Pfr.) und der Boineburg. Auch bei Homberg häufig (Boettger).

Buliminus obscurus Müll.

Syn.: *Buliminus obscurus* C. Pfr. Abth. I. pag. 52. Taf. 3. Fig. 11.
       "   " *Drap.* bei Ritzm.
       "   " *M.* Dr. L. Pfr. Mon. Hel. II. pag. 124. Diagn.

Auf dem Falkenberg bei Homberg, von woher sie kürzlich durch Dr. O. Boettger im Nachrichtsblatt gemeldet wurde, fand sie auch schon C. Pfr. — Ritzm. hat sie aus dem Ahnathal, wo auch ich sie fand. — Ferner kommt sie vor am Lindenberg, zu Wilhelmshöhe, auf der Schartenburg, der Weidelsburg und der Boineburg. In Schönfeld habe ich sie in den letzten Jahren nicht mehr entdecken können; dort scheint sie ausgestorben zu sein.

Cochlicopa lubrica Müll.

Syn.: *Bulimus lubricus* C. Pfr. Abth. I. pag. 50. Taf. 3. Fig. 7.
      "   " *Brug.* bei Ritzm.
Achatina lubrica M. Dr. L. Pfr. Mon. Hel. II. pag. 272. Diagn.

Das durchscheinende, glänzende Gehäus der lubrica findet sich sowohl in heller als dunkelbrauner Farbe, auf Wiesen wie auch im Wald, geräth auch leicht in die Wiesengraben und ist in Folge dessen oft mit dem Netz erhältlich. — Auf der Wilhelmshöhe, wo sie C. Pfr. gefunden, lässt sich die kleine Schnecke auf frisch aufgeworfenen Maulwurfshaufen der Wiese zu Montcheri sammeln, sowie auch am Bachborn und auf der Lückenrother Wiese. Ebenso fand ich sie in den Anlagen zu Schönfeld und unterhalb Belvedere. — Aber auch auf höher gelegenen Orten habe ich sie gefunden, so auf dem Hirzstein, der Schartenburg und der Weidelsburg.

Cochlicopa Menkeana C. Pfeiffer.

Syn.: *Carychium Menkeanum* C. Pfr. Abth. I. pag. 70. Taf. 3. Fig. 42.
„ „ *Pfr.* bei Ritzm.

Diese in Norddeutschland einzige. seltene Art der Gruppe *Azeca* Leach hat C. Pfr. in fossilem Zustand durch Dr. Menke von Pyrmont erhalten, wo sie in torfiger Erde nicht selten vorkommt. In diesem Zustand ist das festschalige Gehäuse gelblich weiss, kalkartig, während mit lebendem Thier es durchsichtig, horngelb. glänzend erscheint. — Ritzm. sagt, er habe nur wenige lebende Exemplare im Ahnathal gefunden, von woher auch ich dieselben besitze. Einen zweiten Fundort fand ich an dem schon viel genannten Schartenberg bei Zierenberg, dessen bewaldeter, kalkreicher Boden einen grossen Reichthum an Mollusken aufweist. Dr. L. Pfr. bringt die Diagnose dieser als Achatina tridens Pult. in Mon. Hel. II. 276 mit der Bemerkung: „Zu finden in den kalkreichen gebirgigen Gegenden Deutschlands. nahe bei Cassel und Göttingen". Den Namen Achatina vertauscht er später gegen Azeca (Mon. Hel. VIII. Pag. 311).

Cochlicopa acicula Müll.

Syn.: *Bulimus acicula* C. Pfr. Abth. I. pag. 51 Taf. 3. Fig. 8. 9.
„ „ *Brug.* bei Ritzm.
Acicula acicula M. Dr. L. Pfr. Mon. Hel. II. pag. 274. Diagn.

Etwas häufiger wie die vorhergehende Art lässt sich diese bei uns finden. doch habe ich sie bis jetzt immer nur auf Kalkboden angetroffen. Unter todtem Laub im Stadtwäldchen, im Ahnathal und auf dem Schartenberg, erhielt ich die Exemplare meiner Sammlung.

Pupa frumentum Drap.

Syn.: *Pupa frumentum* C. Pfr. I. pag. 55. Taf. 3. Fig. 13.
„ „ *Drap.* Dr. L. Pfr. Mon. Hel. II. pag. 338. Diagn.

Im vergangenen Jahr habe ich diese Torquilla Stud. in den Wallgräben der Burgfeste Spangenberg, an den Mauern gesammelt, ausserdem ist mir noch ihr Vorkommen im Werrathal bei Wanfried bekannt geworden. C. Pfr. hatte leere Gehäuse am Mainufer bei Hanau gefunden, doch Ritzm., der sie aus dem Ahnathal aufführt, verwechselt diese wahrscheinlich mit der folgenden Art, die häufig dort zu finden ist.

Pupa secale Drap.

Syn.: *Pupa secale* C. Pfr. Abth. I. pag. 55. Taf. 3. Fig. 14.
„ *variabilis* C. Pfr. „ I. „ 56. „ 3. „ 15.
„ *secale Drap.* bei Ritzm.
„ „ „ Dr. L. Pfr. Mon. Hel. II. pag. 341. Diagn.

Im Innern der Ruine Boineburg bei Bischhausen, wo vor einem halben Jahrhundert C. Pfr. diese Pupa gefunden hat, traf auch ich dieselbe noch ziemlich häufig lebend an. Ausserdem fand ich sie noch in der Nähe Cassels, im Ahnathal, unter todtem Laub, an Baumstämmen und Felsen, sowie auch auf dem Schartenberg. Ein abnorm gebildetes Exemplar dieser Torquilla, welches Dr. L. Pfr. im Ahnathal fand, veranlasste ihn, dies für eine neue, gute Art zu halten, die er P. hassiaca nannte, und deren Beschreibung er in Symbolae ad hist. Hel. I. 45 und Mon. Hel. II. 334 brachte. Nach Einsicht des Originalexemplars (ein zweites ist niemals gefunden worden), theilt Herr v. Martens im Nachrichtsblatt der Malakoz. Gesellsch. Aug. 1878 mit, dass er in P. hass. eine Missbildung erkannte und zwar der P. avenacea. Weil nun aber die avenacea noch niemals im Ahnathal gefunden wurde, während secale dort vielfach vorkommt, so dürfte auch wohl die Abnormität dieser angehören.

Pupa doliolum Bruguière.

Syn.: *Pupa doliolum Drap.* C. Pfr. Abth. III. pag. 37. Taf. 7. Fig. 10. 11.
" " *Brug.* Dr. L. Pfr. Mon. Hel. II. pag. 326. Diagn.

Bis jetzt fand ich nur die albine Form dieser Art, in der Ruine Hanstein an der Werra, und soll nach der Ansicht Dr. O. Boettgers die typische hornbraune nördlich des Mains überhaupt nicht vorkommen. C. Pfr. hatte sie aus den Alpen und dem Taunus erhalten.

Pupa muscorum Linné.

Syn.: *Pupa muscorum* C. Pfr. Abth. I. pag. 57. Taf. 3. Fig. 17. 18.
" *unidentata* " " I. " 58. " 3. " 19. 20.
" *bidentata* " " I. " 59. " 3. " 21. 22.
" *marginata* " " I. " 59. " 3. " 23. 24.
" *muscorum Drap.*, unidentata Pfr., bidentata und marginata Drap. bei Ritzm.

Die Beschreibung dieser Pupa bringt Dr. L. Pfeiffer in Mon. Hel. II. Pag. 311, wobei er auch die obigen Synonyma aufführt. Bei der typischen Form der muscorum wird das Vorhandensein eines kleinen Zähnchens auf der Mündungswand angenommen; auf das Fehlen dieses oder gar dessen doppeltes Dasein, gründete C. Pfr. die verschiedenen Arten. Auf den C. Pfr. und Ritzm.'schen Fundorten habe auch ich sie gesammelt. Kratzenberg, Wilhelmshöhe und Schönfeld. Kürzlich erhielt ich dieselbe schön hornbraun vom Schlossberg zu Homberg.

Pupa minutissima Hartmann.

Syn.: *Pupa minutissima* C. Pfr. Abth. III. pag. 38. Taf. 7. Fig. 12. 13.
" " *Hartm.* Dr. L. Pfr. Mon. Hel. II. pag. 306. Diagn.

Nur sehr wenige Exemplare dieser kleinen Vertreterin der Gruppe Isthmia Gray fand ich vor Jahren am Saume des Stadtwäldchens auf dem Kratzenberg. Noch niemals habe ich sie im Siebdurchlass entdeckt. Im Ritzmann'schen Verzeichniss fehlt sie, und an den Fundorten C. Pfr's „Hofgeismar und Felsberg" habe ich noch nicht Gelegenheit gehabt darnach zu suchen.

Pupa edentula Drap.

Syn.: *Vertigo edentula* C. Pfr. Abth. III. pag. 42. Taf. 7. Fig. 28. 29.
Pupa edentula Drap. Dr. L. Pfr. Mon. Hel. II. pag. 305. Diagn. der Spec. cassellan.

Diese kleine Schnecke lebt unter todtem Laub, ich erhielt sie durch Aussieben desselben, und haben meine nachfolgenden Fundstätten alle basaltigen Untergrund: Felseneck auf Wilhelmshöhe, Bilstein bei Grossalmerode, Weidelsburg, Hangarstein, Wurmberg und Firnskuppe. Bei Ritzm. fehlt sie und bleibt zweifelhaft bei Pfr., der sie in Gesellschaft der muscorum gefunden haben will, ohne die Fundorte näher zu bezeichnen.

Pupa antivertigo Drap.

Syn.: *Vertico se.rdentata* C. Pfr. Abth. I. pag. 41. Taf. 3. Fig. 43. 44.
„ „ *Daudebard.* bei Ritzm.
Pupa antivertigo Drap. Dr. L. Pfr. Mon. Hel. II. pag. 361. Diagn.

Am erfolgreichsten ist das Suchen ‚vermittelst eines Netzes nach diesem Vertigo in pflanzenreichen Gräben oder Teichen nach Ueberschwemmungen. Ich fand sie, wie auch seiner Zeit C. Pfr., in Schönfeld, ferner am Teich vor Kirchditmold, in Wilhelmsthal und der Carlsaue.

Pupa pygmaea Drap.

Syn.: *Vertigo pygmaea* C. Pfr. Abth. I. pag. 72. Taf. 3. Fig. 47. 48.
„ „ *Daud.* bei Ritzm.
Pupa pygmaea Drap. Dr. L. Pfr. Mon. Hel. II. Pag. 362. Diagn.

An der sogenannten ägyptischen Pyramide zu Wilhelmshöhe, wie C. Pfr. seinen einzigen Fundort dieses Vertigo nennt, habe ich die winzige Schnecke nicht mehr finden können, wohl aber erhielt ich sie, in Gesellschaft der nachfolgenden Art vom Hirzstein im Habichtswald.

Pupa pusilla Müll.

Syn.: *Vertigo pusilla* C. Pfr. Abth. I. pag. 72. Taf. 3. Fig. 45. 46.
„ „ *Müller* bei Ritzm.
Pupa pusilla „ Dr. L. Pfr. Mon. Hel. II. pag. 364. Diagn.

Es ist ja möglich, dass diese Pupa nicht so selten ist, wie es den Anschein hat; dass sie nur wegen ihrer Kleinheit vielfach übersehen wird. Die wenigen Exemplare, welche ich gefunden habe, lebten alle auf trockenen Orten und waren, wie auch C. Pfr. angiebt, mit der vorhergehenden Art vergesellschaftet. Am Abhang des Basaltkegels Hirzstein im Habichtswald habe ich die meisten unter trockenem Laub gefunden, im Ahnathal nur sehr wenige. Vom Stellberg bei Homberg erhielt ich kürzlich einige Exemplare, dort muss sie ziemlich häufig vorkommen.

Balea perversa Linné.

Syn.: *Pupa fragilis* C. Pfr. Abth. I. pag. 56. Taf. 3. Fig. 16.
Clausilia fragilis „ „ III. „ 62.
Balea perversa Lin. Dr. L. Pfr. Mon. Hel. pag. 387. Diagn.

Diese Art ist vielfach auf Basalt gefunden worden; C. Pfr. führt sie als häufig auf Basaltfelsen vorkommend auf; von seinem

Fundort, Homberger Schlossberg. ist mir bekannt. dass sie dort noch lebt. Auch Dr. L. Pfr. schreibt in Wiegm. Archiv 1841, dass er die Balea an Basaltmauern auf Wilhelmshöhe und an dem Basaltkegel Scharfenstein gefunden habe. Meine Fundstätten tragen denselben geologischen Charakter, so die Mauerwerke der Cascaden zu Wilhelmshöhe, die Weidelsburg und die Ruine Hanstein.

Clausilia laminata Montagu.

Syn.: *Clausilia bidens* C. Pfr. Abth. I. pag. 60. Taf. 3. Fig. 25.
   „   „   *Drap.* bei Ritzm.
   „   *laminata Mont.* Dr. L. Pfr. Mon. Hel. II. pag. 397. Diagn.

Sie ist diejenige unter den hier vorkommenden Clausilien, welche die meisten Fundorte aufzuweisen hat und daher am leichtesten zu erhalten ist: nur im Bellevue-Garten, woher sie C. Pfr. hatte, habe ich sie niemals finden können. Im Habichtswald lebt sie an vielen Punkten, steigt besonders gern an den Stämmen der Buchen in die Höhe. Weiter lässt sie sich finden im Stadtwäldchen, in Wilhelmsthal, auf dem Garenberg, Schartenberg, der Weidelsburg, der Boineburg, dem Schlossberg zu Spangenberg und noch an vielen anderen Orten der Umgegend.

Clausilia ventricosa Drap.

Syn.: *Claus. ventricosa Drap.* Dr. L. Pfr. Mon. Hel. II. pag. 465. Diagn.

Die von C. Pfr. auf Seite 63 in erster Abth. d. Naturgesch. beschriebene und auf Taf. III abgebildete Claus. ventricosa, wie auch die unter diesem Namen von Ritzm. aufgeführte ist schwerlich ventricosa Drap. gewesen. Die Beschreibung sowohl wie auch die Fundorte passen nicht auf diese Art; auch hat Dr. L. Pfr., der sicher die Original-Exemplare seines Onkels gekannt hat, solche als synonym der Claus. biplicata M. aufgeführt. Nur an zwei Stellen in der Nähe Cassels, im Erlenloch und im Ahnathal, habe ich bis jetzt diese Schnecke entdeckt. Die wenigen Stücke, welche ich fand, lebten an sehr feuchten Verstecken im Moose an alten Bäumen. so nahe am Boden. dass das vorüberfliessende Wasser sie fast bespülte. Ausserdem besitze ich dieselbe noch aus Hessen, von Rotenburg an der Fulda (durch Güte des Herrn Rector Jordan daselbst, welcher sie in der Struth und dem Ringbach beim Schlosse Ludwigseck gesammelt hat). Beide Waldorte haben der Schilderung nach die grösste Aehnlichkeit mit meinen hiesigen Fundorten.

Clausilia plicatula Drap.

Syn.: *Clausilia plicatula* C. Pfr. Abth. I. pag. 64. Taf. 3. Fig. 31.
   „   „   *Drap.* bei Ritzm.
   „   „   „   Dr. L. Pfr. Mon. Hel. II. pag. 481. Diagn.

Von den Fundorten, die C. Pfr. für diese Art nennt, habe ich im vorigen Jahr die Ruine Weidelsburg besucht, und daselbst die plicatula auch noch vorgefunden. Auf der Wilhelmshöhe lässt sie sich an den verschiedenen feuchten Mauern des Aquaeducts und der Löwenburg finden, sowie auch im Ahnathal, doch gehört sie nicht zu den häufigen Vorkommnissen hier. Bekannt ist sie mir noch von Holzhausen bei Homberg, wie ich sie auch auf Schloss Spangenberg gefunden habe.

Clausilia dubia Drap.

Syn.: *Clausilia rugosa* C. Pfr. Abth. I. pag. 63. Taf. 3. Fig. 30.
„ „ *Drap.* bei Ritzm.
„ *gracilis* C. Pfr. Abth. I. pag. 65. Taf. 3. Fig. 32.
„ „ „ bei Ritzm.
„ *dubia Drap.* Dr. L. Pfr. Mon. Hel. IV. pag. 768. Diagn.

Diese Claus. ist schon häufiger wie die vorhergehende hier zu finden. C. Pfr. und Ritzm. führen sie an von feuchten Mauern auf der Wilhelmshöhe, wo sie auch heute noch leicht in Menge zu sammeln ist. An der Pyramide, dem Aquaeduct und den Cascaden, sowie auch in feuchten Waldparthien des Habichtswaldes kommt sie vor; in albiner Form ist sie dagegen sehr selten. Die Cl. gracilis C. Pfr. wird heute als eine Varietät dieser Art betrachtet. (A. Schmidt crit. Grupp. Pag. 40). Vom Schlossberg bei Homberg erhielt ich sie, während selbst gefunden ich sie noch an Buchen auf dem Heldrastein bei Wanfried habe.

Clausilia bidentata Ström. (= nigricans Pult.)

Syn.: *Clausilia obtusa* C. Pfr. Abth. I. pag. 65 Taf. 3. Fig. 33. 34.
„ „ *Pfr.* bei Ritzm.
„ *nigricans Pult.* Dr. L. Pfr. Mon. Hel. IV. pag. 771. Diagn.

Die Art hat eine grosse Verbreitung hier und wohl die meisten Fundorte; hauptsächlich ist es die Form, welche als Varietät septentrionalis A. Sch. bezeichnet wird, die in den Wäldern der Umgegend auf basaltigem Untergrund zu finden ist. Ritzm. und C. Pfr. geben unter anderen auch als Fundort ihrer Cl. obtusa das Innere des Octogon auf der Wilhelmshöhe an, dort will ersterer diese Clausilia in unzählbarer Menge gefunden haben. Im vergangenen Jahr sammelte ich nun dort und an den damit zusammenhängenden Cascaden einige hundert Stück, fand aber nur Cl. dubia darin. Es ist dies einer der wenigen Fälle, wo ich auf einem von C. Pfr. so bestimmt bezeichneten Fundorte einer Clausilie eine ganz andere Art entdeckte. Gegen die Synonymie der obtusa und bidentata soll hierdurch keinerlei Zweifel ausgesprochen werden*). Weitere Fundstätten für diese Species sind der Schartenberg, Heldrastein, Garenberg, Hohlestein am Dörnberg, die Weidelsburg, Boineburg und Firnskuppe, sowie auch Wilhelmsthal und Erlenloch. Im Habichtswald und auf Wilhelmshöhe selbst ist sie an mehreren Punkten zu finden.

---

*) A. Schmidt, Syst. d. europ. Claus. Pag. 133. „Die Einsicht der Originalexemplare von Cl. obtusa C. Pfr. aus Herrn Dr. L. Pfr. Sammlung hat mir die volle Gewissheit über deren Identität mit Cl. nigricans Pult. gegeben."

Clausilia parvula Studer.

Syn.: *Clausilia minima* C Pfr. Abth. I. pag. 66. Taf. 3. Fig. 35.
„ „ *Pfr.* bei Ritzm.
„ *parvula St.* Dr. L. Pfr. Mon. Hel. II. pag. 462. Diagn.

Die kleinste des Genus ist nicht selten hier; bei ihr gibt C. Pfr. als Fundort die Weidelsburg, Ritzm. und Dr. L. Pfr. das Ahnathal an. An beiden Orten lebt sie noch heute in grosser Zahl. Ausserdem fand ich sie bei den grossen Klippen und am Hirzstein im Habichtswald, sowie auf dem Schartenberg und Schloss Spangenberg.

Clausilia cana Held.

Syn.: *Claus. cana Held.* Dr. L. Pfr. Mon. Hel. VI. pag. 500. Diagn.

Im Jahre 1876 habe ich diese Art auf dem Heldrastein im Werrathal, im Hochwald an Stämmen der Buchen gefunden, ausserdem aber nur noch bis jetzt im Ahnathal, wo sie recht selten ist, angetroffen. An letzterem Ort fand sie auch seiner Zeit Dr. L. Pfr., der sie als Claus. vetusta Zgl. var. aufführte. (Zeitschr. für Malak. 1853. Jahrg. X. pag. 187.)

Clausilia biplicata Montagu.

Syn.: *Claus. biplicata* C. Pfr. Abth. I. pag. 61. Taf. 3. Fig. 27.
„ *perversa* „ „ I. „ 62. „ 3. „ 28.
„ *biplicata Pfr.* bei Ritzm.
„ *perversa Pfr.* bei Ritzm.
„ *biplicata Mont.* Dr. L. Pfr. Mon. Hel. II. pag. 470. Diagn.

An den feuchten Mauerwerken der Wasserkünste auf der Wilhelmshöhe, wo C. Pfr. und Ritzm. diese Art gesammelt haben, findet sie sich auch heute noch; hauptsächlich ist hier eine kurze, gedrungene Form vorherrschend. Die biplicata gehört bei uns zu den am häufigsten vorkommenden Clausilien; ich fand sie auf dem Garenberg, Hirzstein, Schartenberg, Heldrastein, Hanstein und Spangenberger Schloss, an der Löwenburg, den grossen Klippen, im Erlenloch, in Wilhelmsthal und an noch mehreren anderen Orten. Einen eigenthümlichen Fundort entdeckte ich in einem alten Weidenbaum, der fast allein auf einer Wiese stand.

Anmerkung. Das Verzeichniss der Clausilien hoffe ich bald vermehren zu können : 1) Durch Claus. plicata Drap., die unter anderen auch schon C. Pfr. auf der Boineburg gefunden hat. (Bei meinem ersten und einzigen Dortsein hatte ich es mit dem Wetter sehr schlecht getroffen, so dass ich vielleicht nur wegen der Kürze des Aufenthalts die schon damals seltene Art nicht wiedergefunden habe.) 2) Durch Claus. lineolata Held., die ja erst kürzlich von Dr. O. Boettger als selten im Schlossgarten zu Falkenberg bei Homberg gemeldet wird. (Nachrichtsbl. Sept. 1879).

Succinea putris Linné.

Syn.: *Suc. amphibia* C. Pfr. Abth. I. pag. 67. Taf. 3. Fig. 36—38.
„ „ *Drap.* bei Ritzm.
„ *putris Lin.* Dr. L. Pfr. Mon. Hel. II. pag. 510. Diagn.

Als die am häufigsten vorkommende Art dieses Genus ist sie fast überall auf feuchten Wiesen zu finden. Schöne grosse Exemplare erhielt ich in den Gräben nahe bei der Losse vor dem Leipziger Thor.

Succinea Pfeifferi Rossmässler.

Syn.: *Succinea Pfeifferi* Ros. Dr. L. Pfr. Mon. Hel. II. pag. 514. Diagn.

Auch diese lebt hier an vielen Orten, sie lässt sich finden an den Wasserparthien zu Schönfeld, in Wilhelmsthal und auf der Wilhelmshöhe, in Wiesengräben beim Eichwäldchen, auf den Lückenrother Wiesen, in der Carlsaue beim Ausfluss der kleinen Fulda, sowie auch beim Weg nach Neuemühle, am Fuldaufer selbst.

Succinea oblonga Drap.

Syn.: *Suc. oblonga* C. Pfr. Abth. I. pag. 68. Taf. 3. Fig. 39 u. Abth. III. pag. 59.
„ „ *Drap.* bei Ritzm.
„ „ „ Dr. L. Pfr. Mon. Hel. II. pag. 560. Diagn.

Während C. Pfr. nur einen Fundort bei Schönfeld angibt, führt Ritzm. die Art als „an Teichen und Flüssen allerwärts gemein" auf. Dr. L. Pfr. dagegen sagt in Wiegm. Arch. Jahrg. 7. Seite 216: „Suc. oblonga ist wohl überall selten, scheint wo sie lebt, stets in Gemeinschaft mit Suc. amphibia vorzukommen." Für recht selten hier halte auch ich sie und bin geneigt anzunehmen, dass die beiden ersteren Herren nicht recht im Klaren über diese Art waren, vielleicht kleine Exemplare der vorigen Spec. für diese nahmen. Die wenigen Stücke, die ich habe, entnahm ich zum grössten Theil dem Genist von Bächen, so dem Bachborn und dem Teich bei Kirchditmold.

Familie Auriculidae.

Carychium minimum Müller.

Syn.: *Carychium minimum* C. Pfr. Abth. I. pag. 69. Taf. 3. Fig. 40. 41.
„ „ *Müll.* bei Ritzm.
„ „ „ Dr. L. Pfr. Mon. Auric. pag. 160. Diagn.

Diese kleine Schnecke mit dem glashellen weissen Häuschen gehört zu den gewöhnlichsten Vorkommnissen. Sie ist sowohl mit dem Netz aus Wiesengräben, wie auch mit dem Sieb aus dem Laub der Wälder erhältlich. Am reichlichsten fand ich sie in den Gräben auf Heckerswiesen und dem Krappgarten, zwischen der Carlsaue und Schönfeld.

Familie Cyclostomacea.

Cyclostomus elegans Müller.

Syn.: *Cyclostoma elegans* C. Pfr. Abth. I. pag. 74. Taf. IV. Fig. 30. 31.
„ „ *Drap.* bei Ritzm.
„ „ *Müll.* Dr. L. Pfr. Mon. Pneum. I. P. 227. Diagn.

Der Fundort dieser schönen Schnecke, den C. Pfr. angibt, „Anhöhe beim Dorf Lahr unweit Zierenberg", liegt in der Nähe des Schartenbergs, wo ich unter todtem Laub im Buchenhochwald sie zuletzt in Menge antraf. Auch der Fundort bei Lahr ist noch belebt mit diesen Thieren, die da, wo sie auftreten, meist in grosser Zahl zu finden sind. Weiter ist mir ihr Vorkommen im Werrathal bei Witzenhausen noch bekannt geworden.

Acme polita Hartmann.

Syn.. *Carychium lineatum* C. Pfr. Abth. III. pag. 43. Taf. 7. Fig. 26. 27.
Acicula polita Harm. Dr. L. Pfr. Mon. Pneum. I. pag. 5. Diagn.

Zu den Seltenheiten unter den in Deutschland lebenden Schnecken gehört in erster Linie diese Art. C. Pfr. hat sie von Hofgeismar erhalten, wo sie auf dem schon vorn erwähnten Schöneberg gefunden wurde. Dr. L. Pfr. bespricht in Wiegm. Archiv 1841 ihr Vorkommen dahier im Ahnathal. An letzterem Ort fand auch ich sie schon vor Jahren; ob sie heute dort noch lebt, wage ich nicht zu behaupten. In letzter Zeit entdeckte ich schöne Exemplare auf den Gudenbergen bei Zierenberg, sowie auch ein Fragment des zierlichen Gehäuses auf dem Brasselsberg im Habichtswald, und glaube ich daher annehmen zu dürfen, dass sich dieselbe noch mehr hier wird finden lassen.

Familie Valvatidae.

Valvata piscinalis Müller.

Syn.: *Valcata obtusa* C. Pfr. Abth. I. pag. 98. Taf. 4. Fig. 32.
„ „ *Drap.* bei Ritzm.

In einem Graben mit fliessendem Wasser rechts an der Strasse nach Freienhagen hat C. Pfr. und wahrscheinlich auch Ritzm. die Valvata gefunden, welche ersterer als obtusa beschreibt und abbildet. In diesem Graben, der mit dem Wasserzufluss zu den grossen Teichen in der Carlsaue in Verbindung steht, lebt auf dem schlammigen Grund ziemlich zahlreich die Val. piscinalis. Von der Richtigkeit obiger Synonyma bin ich vollständig überzeugt, zumal ja auch Beschreibung und Abbildung genau zu passen scheinen. In den Gräben und Teichen der Carlsaue lässt sich diese Art auch finden, dagegen habe ich sie noch niemals in der Fulda entdecken können.

Valvata macrostoma Steenbuch.

Nur wenige Exemplare hatte ich zwischen der vorigen gefunden, in welchen Clessin die macrostoma erkannte. Es ist leicht möglich, dass die von C. Pfr. als Valv. spirorbis aufgeführte Art diese ist, doch ist die Wahrscheinlichkeit aber auch sehr naheliegend, dass C. Pfr. bei der Beschreibung auf Seite 100 Abth. I. der Naturgeschichte nur jugendliche Exemplare der V. piscinalis vorgelegen haben, wie solche auch mich schon sehr oft täuschten.

Valvata cristata Müller.

Syn.: *Valvatata cristata* C. Pfr. Abth. I. pag. 101. Taf. 4. Fig. 35.
„ „ *Müller* bei Ritzm.
„ *minuta* C. Pfr. Abth. I. pag. 102. Taf. 4. Fig. 36.
„ *minutus Drap.* bei Ritzm.

Diese kleine Schnecke ist hier durchaus nicht selten; ich erhielt sie mit dem Netz aus vielen Gräben und Teichen in der Carlsaue, in Wilhelmsthal, und auch beim Eichwäldchen. Der

Beschreibung, Abbildung und besonders dem Fundort nach zu urtheilen, hat C. Pfr. kleine oder jugendliche Stücke der Valv. cristata, namentlich wenn dieselben mit einem schwärzlichen Ueberzug versehen waren, als Valv. minuta aufgeführt. Ich glaube dies behaupten zu können, weil die Fundstelle, welche seit jener Zeit keinerlei Veränderungen erlitten hat, mir öfters auch solche kleine Valvaten lieferte, die ich in früheren Jahren wohl auch Valv. minuta benannte.

Familie Viviparidae.
Vivipara vera v. Frauenfeld.
Syn.: *Paludina vivipara* C. Pfr. Abth. I. pag. 103. Taf. IV. Fig. 42. 43.

Das Vorkommen dieser Art in dem Verbindungsgraben zwischen dem Bassin und Küchengraben in der Aue ist mir erst seit November 1878 bekannt, wo beim Durchziehen des Fischnetzes dieses mehrere Exemplare mit heraufbrachte. Seit jener Zeit fand ich dieselbe dann mehr, so unter anderem im April 1879 zwei Mutterthiere mit einigen vierzig entwickelten Embryonen. Die Eigenschaft ihrer raschen Vermehrung wird sie hier bald zu den häufigsten Vorkommnissen machen; aus diesem Grunde glaube ich auch, dass die grosse schwer zu übersehende Schnecke noch nicht lange hier leben kann. C. Pfr. hatte seine Exemplare von Bischofsheim bei Hanau erhalten.

Familie Rissoidae.
Bythinia tentaculata Lin.
Syn.: *Paludina impura* C. Pfr. Abth. I. pag. 104. Taf. 4. Fig. 40. 41.
„   „   *Pfr.* bei Ritzm.

Als die einzige des Genus, welche bis jetzt hier gefunden ist, kommt sie nur selten in typischer Form vor. Meistens ist es die Varietät producta Menke, die hier, vielfach mit fester Schlammkruste überzogen, gefunden wird. Sie lebt in den Teichen zu Schönfeld und der Carlsaue; im Brandteich bei Wilhelmsthal und den Gräben daselbst, wie auch im Fackelteich und dessen Umgebung.

Familie Limnaeidae.
Limnaea stagnalis Linné.
Syn.: *Limnaeus stagnanilis* C. *Pfr.* Abth. I. pag. 86. Taf. 4. Fig. 19.
„   „   *Drap.* bei Ritzm.

Im Allgemeinen scheinen die Teiche der Umgegend, die ich bis jetzt aufgesucht habe, der Entwickelung dieser Thiere wenig günstig zu sein. Die Grösse der Gehäuse bleibt meist gegen die anderer Gegenden weit zurück, und dabei sind dieselben oft sehr dünnwandig und äusserst zerbrechlich; Exemplare von 50 mm Länge und 30 mm Breite fand ich bis dahin nur im Fackelteich.

— In den Teichen zu Schönfeld und in der Carlsaue ist diese Schneckenart nicht häufig; nur sehr selten sind mir da vollständig ausgebildete Gehäuse zu Gesicht bekommen. Auch der Reichthum an Formen, der dieser Species eigen, ist bei uns wenig in's Auge fallend. Grössere Anzahl von Individuen traf ich im Schafteich bei Hohenkirchen und im Brandteich in Wilhelmsthal.

Limnaea auricularia Linné.

Syn.: *Limnaeus auricularius* C. Pfr. Abth. I. pag. 85. Taf. 4. Fig. 17. 18.
„   „   *Drap.* bei Ritzm.

Wie überall ist natürlich auch hier diese Art häufig anzutreffen; nur sind grosse schöne Stücke mit typischer Form doch recht selten. Am ersten finden sich diese noch immer in den Tümpeln mit stehendem Wasser längs dem Fuldaufer, sowohl am Weg nach Wolfsanger als auch nach Neuemühle hin, und vermuthe ich, dass dies auch die Fundstätten C. Pfeiffers waren, wenn er sagt: „bei Cassel in der Fulda", da doch schwerlich früher ebenso wenig wie heute, diese Schnecke in der eigentlichen, ziemlich rasch fliessenden, Fulda lebensfähig gewesen sein dürfte. Ferner lebt sie in den Gräben der Mühlenbachwiesen, im Verbindungsgraben zwischen Bassin und Küchengraben in der Carlsaue, auch in mehreren Wasserbehältern auf der Wilhelmshöhe und an anderen Orten. — Lim. ovatus C. Pfr. Abth. I. Seite 89. Taf. 4. Fig. 21, welchen er bei Hanau gefunden hat, bin ich geneigt, für synonym dieser Art anzunehmen.

Limnaea ovata Drap.

Syn.: *Limnaeus vulgaris* C. Pfr. Abth. I. pag. 89. Taf. 4. Fig. 22.
„   „   *Pfr.* bei Ritzm. wie auch
„   *ovatus Drap.* „   „

C. Pfeiffer fügt der Beschreibung seines Lim. vulgaris noch die Bemerkung bei: „Diese Art ist die allgemein bekannte Schnecke, welche den Boden der Wassergraben manchmal in zahlloser Menge bedeckt" u. s. w. Das ist heute genau noch ebenso dahier mit Lim. ovata Drap. der Fall, während C. Pfr. seinen Lim. ovatus bei Cassel gar nicht gefunden haben will. Es dürfte daher an obigem Synonymum wohl nicht zu zweifeln sein. — Lim. ovata Drap. hat bei uns die grösste Verbreitung, fehlt wohl in keinem Wiesengraben und langsam fliessenden Bach mit schlammigem Grund. An vielen Fundorten erreichen die Thiere nur eine geringe Grösse, und sind die dünnschaligen Gehäuse oftmals mit einem schwärzlichen Ueberzug bedeckt, so in den Gräben unterhalb Belvedere. Ausser auf der Wilhelmshöhe fand ich sie noch im Schlamm der Mombach. des Zaitenbachs, bei Kirchditmold und beim Eichwäldchen. An letzterem Ort hat Ritzm. die von ihm als ovatus aufgeführten gefunden.

Limnaea palustris Müller.

Syn.: *Limnaeus palustris* C. Pfr. Abth. I. p. 88. Taf. 4. Fig. 20.
„ *fuscus* „ „ I. „ 92. „ 4. „ 25.
„ „ *Pfr.* bei Ritzm.

In typischer Form kommt diese Art hier fast gar nicht vor, was schon C. Pfr. veranlasste, eine neue Species zu errichten, die er Lim. fuscus nannte, welche aber heute, wohl mit Recht, von den meisten Autoren nur noch als Varietät betrachtet wird. Von dieser sagt er, dass sie mit dem Lim. palustris viel Aehnliches habe, sich nur von diesem durch die geringere Grösse und die gleichmässig braune Farbe unterscheide. An den von ihm bezeichneten Fundorten in der Carlsaue lebt fusca noch jetzt. Eine grössere, viel schlankere Form fand ich in den Gräben beim Fackelteich nach dessen Ablassen; sie stammt vielleicht auch aus diesem selbst. Dagegen auf der anderen Seite der Leipziger Strasse, bei der ehemaligen Pulvermühle, lässt sich die Varietät turricula Held finden. — Die grössten und schönsten Exemplare von fast typischer Form entdeckte ich nahe beim Damm in dem Graben, der ausserhalb der Aue sich längs dieser hinzieht. Jugendliche Thiere fand ich noch bei Hohenkirchen, wodurch ihr Vorkommen daselbst nachgewiesen wäre.

Limnaea truncatula Müller.

Syn.: *Limnaeus minutus* C. Pfr. Abth. I. pag. 90. Taf. 4. Fig. 27.
„ „ *Drap.* bei Ritzm.

Diese kleinste des Genus erhielt ich in den verschiedensten Formen; in der Carlsaue beim sog. Thiergarten, im grossen Bassin, dem Küchengraben, hinter der Aue in den Gräben auf Heckerswiesen und Krappgarten. Am Teich bei Kirchditmold, im Wilhelmshöher Bachborn, in dem Wassertümpel an der Kaiserstrasse und auch in den Gräben vor dem Leipziger Thor. Einzelne Exemplare sind beim Sammeln wohl überall mit anderen Sachen erhältlich.

Limnaea peregra Müller.

Syn.: *Limnaeus pereger* C. Pfr. Abth. I. pag. 80. Taf. 4. Fig. 23. 24.
„ „ *Drap.* bei Ritzm.

Von den Limnaeen ist diese die seltenste bei uns, meistens habe ich nur einzelne Exemplare zwischen anderen Arten gefunden. Das grösste und schönste Stück meiner Sammlung stammt aus dem Bassin unterhalb der Cascaden auf der Wilhelmshöhe. In höheren Lagen scheint sie mehr und besser entwickelt vorzukommen, so traf ich sie in typischer Form bei Hohenkirchen an, während die in den Wiesengräben bei Belvedere und den Mühlbachwiesen gefundenen nur eine geringe Grösse hatten. Dr. O. Boettger meldet kürzlich im Nachrichtsblatt ihr häufiges Vorkommen bei Homberg a. d. Efze, und ich habe in Hessen sie noch auf dem rauhen Knüll beim Schwarzenborner Teich gefunden. Die Varietät Lim. curta M. mit einem röthlichen, eisenhaltigen Schlammüberzug fand ich im vorigen Jahr in den Zuflussgräben des Schafteichs bei Hohenkirchen.

Physa fontinalis Linné.
Syn.: *Physa fontinalis* C. Pfr. Abth. I. pag. 94. Taf. 4. Fig. 28.
    „   „ *Drap.* bei Ritzm.

Das Vorkommen dieser Art ist mir bis jetzt nur bekannt geworden vom Teich vor Kirchditmold und den Wasserpartieen in der Carlsaue. C. Pfr. und Ritzm. bezeichnen ihre Fundorte nicht näher, doch lebt sie sicher hier noch an mehr als den von mir genannten Orten.

Aplexa hypnorum Linné.
Syn.: *Physa hypnorum* C. Pfr. Abth. I. pag. 97. Taf. 4. Fig. 29.
    „   „ *Drap.* bei Ritzm.

In den Gräben vor dem Leipziger Thor haben C. Pfr. und Ritzm. diese Art seiner Zeit gesammelt, auch ich habe sie dort noch gefunden, doch ist sie heute wie schon damals nur sparsam anzutreffen. Ausserdem fand ich sie noch bei Belvedere, in dem Graben längs der Aue nahe beim Damm, und bei Zierenberg.

Planorbis corneus Linné.
Syn.: *Planorbis corneus* Abth. I. pag. 77. Taf. 4. Fig. 3. 4.
    „   „ *Drap.* bei Ritzm.

Die Fundstätten für diese grösste der Art haben sich, seit C. Pfr. und Ritzm. hier sammelten, nicht vermehrt; Beide geben nur den auf der rechten Seite der Fulda gelegenen Fackelteich und dessen Abflussgräben als Fundort an, und ist es auch mir noch nicht gelungen, weitere Aufenthaltsorte bei Cassel für diese Species zu entdecken. Es mag dies wohl mit daran liegen, dass die Fulda eine Ausdehnung dieser Schnecke nach den auf der anderen Seite des Flusses liegenden Teichen nicht gestattet.

Planorbis marginatus Drap.
Syn.: *Planorbis marginatus* C. Pfr. Abth. I. pag. 75. Taf. 4. Fig. 1. 2.
    „   „ *Drap.* bei Ritzm.

Genau wie mit der vorigen verhält es sich mit dieser Art, die in Gesellschaft des Pl. corneus in grosser Menge zu finden ist; sonst habe ich nur ein einziges mal ein Exemplar in der Carlsaue beim sog. Thiergarten gefunden. C. Pfr. und Ritzm. geben nur deren Vorkommen in Teichen und Sümpfen als häufig an, ohne diese genauer zu bezeichnen.

Planorbis rotundatus Poiret.
Syn.: *Planorbis spirorbis* C. Pfr. Abth. I. pag. 79. Taf. 4. Fig. 8.
    „   „ *Müller* bei Ritzm.

Nachdem es mir nicht gelungen ist, auch nur ein Stück des Plan. spirorbis in der Umgegend zu finden, wohl aber rotundatus, der vielfach damit verwechselt wurde, so bin ich zu der Ueberzeugung gekommen, dass C. Pfr. und Ritzm. diese Art für Plan.

spirorbis der Autoren genommen haben. Zu bedauern ist, dass beide Herren ihre Fundorte nicht genauer bezeichneten, doch glaube ich bestimmt annehmen zu dürfen, dass ich dieselben Stellen aufsuchte. Sehr zahlreich fand ich diese Schnecke in Gräben der Carlsaue und denen des dahinter liegenden Krappgartens und der Mühlbachwiesen, wie auch vor dem Leipziger Thor bei der ehemaligen Pulvermühle.

Planorbis contortus Linné.

Syn.: *Planorbis contortus* Abth. I. pag. 81. Taf. 4. Fig. 11.
 „   „   *Drap.* bei Ritzm.

Die Art lässt sich hier sowohl in der Carlsaue, wo C. Pfr. sie gesammelt hat, als auch noch an vielen anderen Orten, meistens in zahlloser Menge finden. Aus den Gräben unterhalb Belvedere erhielt ich solche mit einer schwärzlichen sehr fest sitzenden Schlammkruste, dagegen fand ich recht hübsche grosse Stücke beim Eichwäldchen.

Planorbis albus Müller.

Syn.: *Planorbis albus* C. Pfr. Abth. I. pag. 80. Taf. 4. Fig. 9. 10.
 „   „   *Müller* bei Ritzm.

Wenn C. Pfr. von dieser Schnecke sagt: „bei Cassel zu Wilhelmshöhe und Schönfeld häufig", so glaube ich hieraus mit schliessen zu dürfen, dass er diese Art von der Nachfolgenden, die er sicherlich auch gefunden hat, nicht trennte. Plan. albus M. habe ich zwar recht oft gefunden, aber doch immer nur in einzelnen Exemplaren, während die Folgende gesellig auftritt und daher wohl eher als häufig sich bezeichnen liesse. Typische Stücke dieser Species fand ich in den Gräben der Carlsaue und in den ausserhalb dieser dahinter liegenden Wiesen, auch auf der Wilhelmshöhe und in Wilhelmsthal, sowie beim Eichwäldchen und bei Hohenkirchen.

Planorbis glaber Jeffrey.

Wahrscheinlich ist die in C. Pfr. Naturgesch. Abth. I. S. 80 als Abart des Pl. albus beschriebene: „Gehäus stärker, hornfarbig, ohne Spiralstreifen, und die Umgänge des Gewindes mehr gewölbt" diese Art gewesen. Passt die Beschreibung auch nicht in jedem Punkt, so bestärkt mich doch wieder die etwas kleiner gehaltene Abbildung auf Taf. 4. Fig. 9 in meiner Ansicht.

Gefunden habe ich diese Schnecke mit dem Netz in den Gräben der Mühlenbachwiesen, bei Neuemühle, wo sie in Gesellschaft lebt.

Planorbis crista Linné.

Syn.: *Planorbis imbricatus* C. Pfr. Abth. I. pag. 84. Taf. 4. Fig. 15. 16.

Diesen kleinen Planorbis erhielt ich beim Sammeln mit dem Netz oder Seiher, an verschiedenen Orten, hauptsächlich in Wilhelmsthal. Es kommt hier sowohl die glatte Form, Varietät nau-

Gasteropoda. — Bivalvae. 117

tileus Lin., als auch die Varietät cristatus Drap., welche auf der Oberfläche des Gehäuses die Rippen zeigt, vor.

Planorbis complanatus Linné.
Syn.: *Planorbis complanatus* C. Pfr. Abth. I. pag. 83. Taf. 4. Fig. 14.
„ „ *Drap.* bei Ritzm.

Nach C. Pfr. und Ritzm. ist diese Art in den Wasserpartieen der Carlsaue häufig, was ich durchaus nicht bestätigen kann; ich fand sie wohl zuweilen dort, aber lange nicht so viele Exemplare, als ich in den Wassertümpeln beim Eichwäldchen antraf. Die Färbung der Gehäuse war hier auch eine viel hellere, vom glänzenden Silberweiss bis zum hellen Hornbraun.

Planorbis nitidus Müll.
Syn.: *Planorbis nitidus* C. Pfr. Abth. I. pag. 82. Taf. 4. Fig. 12. 13.

Von dieser Species habe ich bis jetzt nur wenige Stücke in einem Graben bei Neuemühle gefunden, so dass ich sie für die hier am seltensten vorkommende Planorbis halte. In Ritzm.'s Verzeichniss fehlt sie, C. Pfr. dagegen will P. nitidus im Ausfluss des Fackelteichs in grosser Gesellschaft gefunden haben.

Ancylus fluviatilis Müll.
Syn.: *Ancylus fluvatilis* C. Pfr. Abth. I. pag. 107. Taf. 4. Fig. 44. 45.
„ „ *Müller* bei Ritzm.

Die Schnecke mit dem runden, mützenförmigen Gehäuse lebt in fliessendem Wasser und findet sich hier in den mannigfachsten Formen und Grössen. In der Fulda, wo C. Pfr. sie gefunden, habe ich sie zwar noch nicht entdeckt, doch lebt sie sicher noch darin. Die Exemplare meiner Sammlung sind aus dem Ahnathal und von den Wilhelmshöher Wasserwerken, wo sie auf Steinen sitzend, die vom Wasser bespült werden, anzutreffen ist.

Acroloxus lacustris Linné.
Syn.: *Ancylus lacustris* C. Pfr. Abth. I. pag. 109. Taf. 4. Fig. 46.
„ „ *Müller* bei Ritzm.

In stehenden Gewässern ist diese Art an Schilf und anderen Pflanzen, sowie auch an im Wasser liegendem faulenden Holz und dergleichen in Menge zu finden. Die längliche Form des Gehäuses ist bei ihr sehr beständig. An den Fundorten C. Pfr.'s, in den Teichen und Gräben der Carlsaue, sowie auch in denselben ausserhalb dieser nahe beim Damm, lebt die Schnecke noch heute.

II. Classe. Bivalvae, Muscheln.
Familie Unionidae.
Anodonta mutabilis Clessin.

Bezüglich der Eintheilung des Genus folge ich der Ansicht des Herrn S. Clessin, der, wie ich glaube, den besten Ausweg gefunden hat, um die vielen von den Autoren aufgestellten deutschen Arten zu gruppiren, indem er unter Species An. mutabilis diejenigen Formen der aufgeblasenen Muscheln annimmt, die meistens nur in Teichen und Weihern leben, unter An. complanata Ziegl. dagegen diejenigen weniger aufgeblasenen Muscheln, welche meistens nur in Bächen und Flüssen zu finden sind. Bei diesen einzigen beiden deutschen Arten, die Clessin annimmt, sind ausserdem unter den Thieren kleine anatomische Abweichungen vorhanden, während die vielen Varietäten der mutabilis sich nur auf die Umrissformen der Muscheln stützen.

Als Mittelpunkt der einzelnen Varietäten hebt er die bisher als Species behandelten Formen heraus.

Var. Cygnea Linné.

Syn.: *Anodonta cygnea* C. Pfr. Abth. I. pag. 111. Taf. 6. Fig. 4.
„ „ *Lam.* bei Ritzm.
„ *intermedia* C. Pfr. Abth. I. Pag. 113. Taf. 6. Fig. 3.
„ „ *Lam.* bei Ritzm.

Im Bassin der Carlsaue und dem damit zusammenhängenden Küchengraben lässt sich diese schöne grosse Muschel finden; C. Pfr. führt sie von daher zwar nicht auf, wohl aber Ritzm. Im vorigen Jahr hatte ich Gelegenheit, dort viele Exemplare zu sammeln, von welchen ein grosser Theil mit der auf Taf. VI abgebildeten cygnea übereinstimmt. Die grösste Muschel aus dem Bassin, die ich besitze, hat eine Länge von 170 mm. Ferner habe ich dort Stücke gefunden, welche haarscharf zu Beschreibung wie Abbildung der intermedia passen; es wäre hierdurch somit festgestellt, dass diese beiden Anodonten in den circa 50 Jahren ihre Umrissform am besagten Ort nicht verändert hätten.

Var. cellensis Schroeter.

Syn.: *Anodonta cellensis* C. Pfr. Abth. I. pag. 110. Taf. 6. Fig. 1.
„ Pfr. bei Ritzm.
„ *ventricosa* Abth. II. pag. 30. Taf. 3. Fig. 1—6.
„ *ponderosa* „ II. „ 31. „ 4. „ 1—6.

Diese Form, wie sie die Abbildung C. Pfr.'s bringt, ist diejenige, welche in den Teichen der Carlsaue die vorherrschende ist; auch bei ihr haben sich in den vielen Jahren die Umrisse der Muschel, die eben so gross wird wie die vorhergehende, nicht verändert. In den Teichen zu Schönfeld sind die dort lebenden Anodonten oft viel dickschaliger und ist deren Epidermis meist viel dunkler; hier habe ich Exemplare gefunden, welche, wenn sie auch nicht ganz genau mit den Abbildungen der An. ventricosa C. Pfr. und ponderosa C. Pfr. übereinstimmten, so doch sehr zu ihnen hin neigten.

Var. piscinalis Nilson.

Zwei Exemplare meiner Sammlung, von denen das eine aus dem Bassin der Carlsaue, das andere aus der Fulda bei Bergshausen stammt, stimmen so genau mit der Beschreibung und

Zeichnung Clessins in Excurs. Mollusken-Fauna Seite 442 überein, dass ich dadurch die Ueberzeugung gewonnen habe, dass auch diese Formvarietät bei den hiesigen Vorkommnissen mit aufgeführt werden muss.

Var. anatina Linné.

Syn.: *Anodonta anatina* C. Pfr. Abth. I. pag. 112. Taf. 6. Fig. 2
„ „ *Pfr.* bei Ritzm.

Eine grössere Anzahl Muscheln aus der Fulda bei Bergshausen gesammelt, bestand zur Hälfte aus Anodonten, und von diesen gehörten die meisten dieser Formvarietät an. C. Pfr. und Ritzm. haben ihre anatina auch aus der Fulda erhalten, ob aber ersterem zur Abbildung auf Taf. VI eine Form vorgelegen hat, wie sie hier gedacht wird, bleibt, der Zeichnung nach zu urtheilen, zweifelhaft.

Anodonta complanata Ziegler.

Diese Species, deren Artberechtigung, wie schon vorn erwähnt, durch die Verschiedenheit der Thiere begründet wird, lebt in Flüssen und Bächen. In der Fulda ist sie nicht selten, lässt sich bald in hellerer bald in dunklerer Färbung finden; auch ist die Schalendicke sehr unterschiedlich, so dass ich glaube annehmen zu dürfen, dass die kleinen Nebenflüsse der Fulda ihr schon diese Muscheln zuführen.

Unio pictorum Linné.

Syn.: *Unio rostrata* C. Pfr. Abth. I. pag. 114. Taf. 5. Fig. 8.
„ „ *Lam.* bei Ritzm.
„ *pictorum* C. Pfr. Abth. pag. 115. Taf. 5. Fig. 9. 10.
„ „ *Lam.* bei Ritzm.

Wie die vorgenannten habe auch ich diese Art in der Fulda gefunden, wo sie ziemlich häufig vorkommt. Die grössten Exemplare meiner Sammlung haben eine Länge von 90 mm. Ein schönes typisches Stück mit fast gar nicht abgeriebenen Wirbeln fand ich in der Carlsaue im Küchengraben; es passt dies so genau zu der Beschreibung und Abbildung der Un. rostrata C. Pfr., dass ich hierdurch die Ueberzeugung gewonnen habe, dass die unter diesem Namen aufgeführten, selten vorkommenden Muscheln Exemplare dieser Art waren, die an Fundstätten mit sehr humusreichem Schlammboden lebten, wo die geringe Strömung des Wassers ihnen gestattete, sich recht gedeihlich zu entwickeln. Die Formvarietät limosus Nilson mit dem stumpfen abgerundeten Schnabel lässt sich auch in der Fulda finden.

Unio tumidus Philippson.

Syn.: *Unio tumidus* C. Pfr. Abth. II. pag. 34. Taf. 7. Fig. 2. 3. Taf. 8. Fig. 1. 2.

Wenn auch nicht häufig, so habe ich doch auch diese Muschel in der Fulda bei Bergshausen gefunden. Auffallender Weise erwähnt C. Pfr. ihr Vorkommen nur aus Rhein, Main, Elbe und Weser; er scheint sie also hier übersehen zu haben.

Unio batavus Lamarck.

Syn.: *Unio batava* C. Pfr. Abth. I. pag. 119. Taf. 5. Fig. 14.
„ „ *Lam.* bei Ritzm.
„ *litoralis* C. Pfr. Abth. I. pag. 117. Taf. 5. Fig. 12.
„ „ *Drap.* bei Ritzm.

Diese Art mit ihren vielen Formveränderungen ist die am häufigsten in der Fulda und ihren Nebenflüssen vorkommende. Die Varietät ater Nilson war unter Muscheln von Bergshausen an der Fulda; zu ihr gehört wahrscheinlich die von C. Pfr. aufgestellte Un. riparia, die er zwar nur als in der Kinzig bei Hanau vorkommend angibt, während Ritzmann diese aber in der Fulda gefunden haben will. Zur Varietät crassus Retz gehören die meisten hier zu findenden Exemplare, so auch die Un. litoralis C. Pfr., die er in der Diemel, Haun und Fulda gefunden hat, und welche Ritzm. unter gleichem Namen als aus der Fulda aufführt.

Familie Cycladidae.

Sphaerium corneum Linné.

Syn.: *Cyclas cornea* C. Pfr. Abth. I. pag. 120. Taf. 5. Fig. 1. 2.
„ „ *Lam.* bei Ritzm.

In vielen Gräben der Umgebung, besonders wenn diese mit reichem Pflanzenwuchs versehen sind, lässt sich die kleine Muschel finden. C. Pfr. und Ritzm. gaben ihre Fundorte nicht näher an. In grosser Individuenzahl traf ich sie in dem Graben längs der Aue, der sich an der Fulda hin zieht, auch in Gräben am Weg nach Neuemühle und beim Eichwäldchen. In früheren Jahren lebte diese Muschel mit noch mehreren anderen Conchylien in der kleinen Fulda, jetzt aber ist dergleichen nicht mehr darin anzutreffen.

Sphaerium scaldianum Normand.

Erst ganz kürzlich entdeckte Clessin unter von mir gesammelten Exemplaren der vorigen Art vom erstgenannten Fundort jugendliche Stücke dieser Species. Ich hoffe demnächst davon noch mehr, namentlich ausgewachsene Exemplare zu finden, um so die noch sehr wenigen Fundplätze für diese Muschel in Deutschland um einen vermehrt zu sehen. Uebrigens hat an diesem Ort seiner Zeit C. Pfr. die kleine Muschel gefunden, welche er als lacustris beschreibt und abbildet, und die Clessin als synonym seinem Sphaerium Draparnaldii betrachtet. Da nun aber Clessin unter den von mir an der nämlichen Stelle gesammelten Muscheln die Draparnaldii nicht bestätigt hat, wohl aber scaldianum dabei fand, so liegt die Möglichkeit nahe, dass Cycl. lacustris C. Pfr. synonym ist mit Sph. scaldianum Norm. Zur Zeit fehlt mir noch genügendes Material, um mich bestimmt über diese Frage aussprechen zu können.

Calyculina lacustris Müller.

Syn.: *Cyclas calyculata* C. Pfr. Abth. I. pag. 122. Taf. 5. Fig. 17. 18.
„ „ *Drap.* bei Ritzm.

Nur in typischer Form habe ich diese Muschel gefunden und zwar in den Teichen zu Schönfeld und den Zuflussgräben zum Schafteich bei Hohenkirchen. C. Pfr. hatte sie aus dem Fackelteich und der Carlsaue, wo sie möglicher Weise auch noch heute lebt; Ritzm. fand sie in der kleinen Fulda. wo ich allerdings sie vor Jahren auch gefunden habe.

Pisidium amnicum Müll.

Syn.: *Pisidium obliquum* C. Pfr. Abth. I. pag. 124. Taf. 5. Fig. 19. 20.
„ „ Pfr. bei Ritzm.

Sie gehört zu den hier nicht allzu häufigen Vorkommnissen: besonders sind grosse Exemplare recht selten, die grössten, welche ich bis dahin gefunden habe, erreichten überhaupt nur eine Länge von 9 mm. Dr. L. Pfr. theilt schon in Wiegm. Archiv 1841 mit, dass er die Muschel viel grösser, als die Maasse C. Pfr.'s diese angeben, in der Spree bei Berlin gefunden habe. Ritzm. und C. Pfr. wollen dies Pisidium der Fulda entnommen haben, wo ich sie bis jetzt nicht antraf, wenn auch sehr nahe derselben in einem Graben bei Neuemühle. Ausserdem ist sie noch in dem vom Habichtswald kommenden Zaitenbach.

Pisidium supinum A. Schmidt.

Nur wenige Exemplare dieser kleinen Muschel fand ich bis jetzt im Schlamm eines Grabens mit fliessendem Wasser bei Neuemühle; Clessin erkannte darin diese Art, und hoffe ich, dieselbe demnächst noch mehr zu finden.

Pisidium henslowianum Sheppard.

Syn.: *Pisidium acutum* Dr. L. Pfr. Wigm. Archiv. 1841. Pag. 230.

In der angeführten Zeitschrift bringt Dr. L. Pfr. eine kurze Diagnose desjenigen Pisidium, welches er acutum nennt, und fügt weiter hinzu: „Aus einem kleinen Bache in der Aue bei Cassel. Vielleicht ist dies Cyclas fontinalis var. γ mag. Dr. f. 12. Durch die beträchtliche Ungleichheit des vorderen und hinteren Randes steht die Muschel dem Pis. obliquum näher als dem Pis. fontinale." Bis jetzt habe ich nun zwar erst ein Exemplar dieser Muschel in dem Graben, welcher sich ausserhalb der Carlsaue längs derselben hinzieht, gefunden, hoffe jedoch, mehr davon zu erhalten und obige von Clessin aufgestellten Synonyma bestätigt zu sehen.

Pisidium fossarinum Clessin.

Syn.: *Pisidium fontinale* C. Pfr. Abth. I. pag. 125. Taf. 5. Fig. 15. 16.
„ „ *Drap:* bei Ritzm.

Sie ist diejenige des Genus, die hier die meisten Fundorte hat, C. Pfr. und Ritzm. fanden sie zu Schönfeld, in der Aue und in den Gräben der Forstwiesen, an welchen Orten sie auch noch lebt. Eine kleine Form findet sich im Bassin der Cascaden auf Wilhelmshöhe, und eine gleiche Hungerform in Wilhelmsthal. Ausserdem habe ich die kleine Muschel aus der Mombach, dem Zaitenbach, aus den Gräben bei Kirchditmold und der Mühlenbachswiese, wie auch beim Eichwäldchen. In grosser Menge fand ich sie mit einem eisenhaltigen röthlichen Schlammüberzug in den Zuflussgräben des Schafteichs bei Hohenkirchen.

Pisidium pallidum Jeffreys.

Eine reiche Ausbeute kleiner Mollusken hatte ich im Herbst 1878 unmittelbar nach dem Ausfischen des Brandteichs in Wilhelmsthal. Der Teich war leer gelaufen, und, vom Wasserstrom mit fortgerissen, waren viele Schnecken und Muscheln in dem Pflanzenwuchs des Ablassgrabens der Hauptallee entlang hängen geblieben. Durch Abstreifen der Pflanzen mit dem Seiher liessen sich die kleinen Thiere, unter welchen auch zwei Arten Pisidien waren, leicht sammeln. Herr Clessin, der die Güte hatte mir dieselben zu bestimmen, fand darin die Hungerform der vorigen Art und diese Species.

Pisidium obtusale C. Pfeiffer.

Syn.: *Pisidium obtusale* C. Pfr. Abth. I. pag. 125. Taf. 5. Fig. 21. 22.
" " *Pfr.* bei Ritzm.

Von zwei Fundorten besitze ich diese kleine Muschel in nur wenigen Exemplaren. Das erstemal fand ich sie nach einem starken Gewitter am Ufer des Teichs vor Kirchditmold angeschwemmt, das andere mal erhielt ich dieselbe aus dem Feldbach bei Nordshausen. C. Pfr. und Ritzm., die sie auch schon als sehr selten aufführen, geben als Fundort einen Graben an der Strasse nach Freienhagen an.

Pisidium pusillum Gmelin.

Zu meinen jüngsten Entdeckungen gehört diese kleine Muschel; ich erhielt sie aus dem sumpfigen Graben, dessen Wasser in die Teiche zu Schönfeld fliesst, dem Donnerborn. Die Muscheln hängen an der Unterseite von im Wasser liegenden Blättern und Pflanzen, sie sind daher sehr leicht erhältlich, wenn man die Wasserpflanzen mit dem Seiher abstreift.

Pisidium subtruncatum Malm.

Bei sehr kleinen Pisidien aus dem Angersbach bei Rothenditmold hatte Clessin auf den Zettel geschrieben: „Wahrscheinlich Pis. subtruncatum jun." Hoffentlich gelingt es mir demnächst die seltene kleine Muschel in ausgebildeten Stücken zu finden.

Die Bestimmung der Pisidien ist eine sehr schwierige Aufgabe und nur durch das genaue Studium der ausgezeichneten Arbeiten S. Clessins, welcher die ungeheuer mühsame Bearbeitung des Genus meisterhaft durchgeführt hat, mit der Zeit zu erlernen.

Inhalt.

	Seite
I. Bericht über Stand und Gang des Vereinslebens vom 18. April 1878 bis dahin 1880, im 43. und 44. Jahre seit Gründung des Vereins:	
A. Die äusseren Verhältnisse des Vereins	1
B. Die inneren Verhältnisse des Vereins	3
C. Personalbestand des Vereins	4
II. Nachweis über den Stand der Vereinskasse	6
III. Verzeichniss der Mitglieder am Anfang April 1880:	
1) Ehrenmitglieder	6
2) Correspondirende Mitglieder	7
3) Wirkliche Mitglieder	8
IV. Verzeichniss der Akademien, Gesellschaften, Vereine etc., mit welchen Schriftwechsel stattfindet	10
V. Verzeichniss der dem Vereine in den Vereinsjahren 1878—80 zugekommenen Geschenke	14
VI. Uebersicht der in den Monatssitzungen gehaltenen Vorträge und Demonstrationen in alphabetischer Ordnung der Vortragenden	16

Abhandlungen:

1) Ein bisher noch ungedruckter Brief Leibnizens über eine in Cassel zu gründende Akademie der Wissenschaften, mitgetheilt von Dr. E. Gerland	50
2) Neue Beobachtungen und Entdeckungen an den auf Ulmus campestris L. vorkommenden Aphiden-Arten von Dr. Hermann Friedrich Kessler. Mit 2 Tafeln.	57
3) Die Mollusken-Fauna von Cassel von F. H. Diemar.	91